Das historische Frankfurt am Main

Hauptwache und Katharinenkirche um 1935

Paul Wietzorek

Das historische FRANKFURT AM MAIN

Bilder erzählen

Michael Imhof Verlag

Goldhutgasse (Fünffingereck) um 1905

Michael Imhof Verlag GmbH & Co. KG
Stettiner Straße 25, D-36100 Petersberg
Tel. 0661/9628286; Fax 0661/63686
www.imhof-verlag.de

Reproduktion und Gestaltung: Michael Imhof Verlag
Druck: Meiling Druck, Haldensleben

Printed in EU

ISBN 978-3-86568-618-3

INHALT

Frankfurter Schauspielhaus um 1915

VORWORT

Nur noch im Museum kann man in Gestalt eines großen Stadtmodells das alte Frankfurt bestaunen. Es wurde am 22. März 1944 durch alliierte Bomber weitestgehend zerstört. Mehr als tausend Fachwerkhäuser brannten nieder. Seitdem ringt man darum, ob überhaupt und in welchem Umfang möglicherweise wenigstens Teile der historischen Altstadt rekonstruiert werden sollen, damit nicht nur die alten Frankfurter selbst, die langsam aussterben, einen Ort der Erinnerung in ihrer Stadt wiederfinden, sondern damit auch jüngere Generationen und Besucher eine Vorstellung davon bekommen, wie Frankfurt einmal ausgesehen hat.

Der vorliegende Band kann vielleicht solche Bestrebungen unterstützen, indem er in Wort und Bild das historische Frankfurt vorstellt und damit die unglaublichen Verluste bewusst macht, die die Stadt hat hinnehmen müssen. Zugleich wird damit aufgezeigt, welche Verantwortung die heutigen Generationen für eine friedliche Zukunft tragen.

Nach einer kurzen Einführung bietet der Zahlenspiegel zur Frankfurter Geschichte einen chronologischen Überblick, der durch den Abschnitt „Geschichte kurzgefasst" vertieft wird. Alte Karten und Pläne veranschaulichen diese Geschichte bis ins 19. Jahrhundert. Anschließend geht es vor allem um das Erscheinungsbild Frankfurts in den Jahrzehnten vor und nach 1900 bis zur Katastrophe des Zweiten Weltkriegs. Die historischen Aufnahmen dokumentieren diese Zeit und ihren Geist und fordern zum Vergleich mit der heutigen Stadt auf. Sie erwecken charakteristische Züge des einst unverwechselbaren Gesichts der Stadt noch einmal zum Leben und führen dem Betrachter eindringlich vor Augen, in welch außerordentlichem Maß sich das Bild Frankfurts seit dem Krieg gewandelt hat.

Eschenheimer Turm um 1905

EINFÜHRUNG

Frankfurt am Main ist mit rund 660 000 Einwohnern die größte Stadt im Bundesland Hessen und die fünftgrößte in Deutschland. Im Mittelalter war die in einer Urkunde Karls des Großen 794 erstmals genannte Stadt ein wichtiges Machtzentrum des Heiligen Römischen Reiches Deutscher Nation und zeitweise auch Krönungsort der deutschen Kaiser. Heute genießt die Stadt als Finanzplatz, als Dienstleistungszentrum, als Verkehrsknotenpunkt und Messestadt weltweit hohes Ansehen. Aber auch als Handels- und Wirtschaftsmetropole, als Industrie- und Verwaltungszentrum, als Universitätsstadt, als Sitz zahlreicher Hochschulen und Akademien sowie zentraler Sportverbände nimmt Frankfurt einen herausragenden Platz ein. Und mehr als sechzig Museen und Ausstellungshäuser dokumentieren eindrucksvoll die kulturelle Bedeutung Frankfurts. Hinzu kommen die Städtischen Bühnen mit Oper, Schauspiel und Kammerspiel. Nicht zu vergessen sind bedeutende Bibliotheken. Und schließlich hat Frankfurt auch noch in städtebaulicher Hinsicht buchstäblich Unübersehbares zu bieten, denn seine zahlreichen Hochhausbauten haben zum mehr oder weniger ehrenvollen Beinamen „Mainhattan" geführt.

Bis zum Zweiten Weltkrieg besaß Frankfurt eine der größten zusammenhängenden Altstädte aus mittelalterlicher Zeit, die in zwei Bombennächten 1944 vernichtet wurde. Das alte Frankfurt galt als eine sehr gepflegte Stadt, als außerordentlich beliebte Wohnstadt. Die vielen Besucher waren begeistert und bewunderten die Aufgeschlossenheit der Bürger für ihre eigene Geschichte, die überall offenkundig war.
Dieses Bild trifft allerdings nur bedingt auf die einstige Altstadt zu, obwohl sie zumindest teilweise für Frankfurter wie auswärtige Besucher als Ausflugsziel eine hohe Anziehungskraft besaß, wozu nicht zuletzt die berühmten Wurstständе, Bäckereien und Kneipen beitrugen. Diese Altstadt war geradezu eine eigene Stadt in der Stadt, die sich düster und geheimnisvoll zeigte.
Das Leben in den engen Gassen und Winkeln, an den verborgenen kleinen Plätzen und in den alten Häusern mit ihren beengten Wohnmöglichkeiten muss man sich alles andere als romantisch vorstellen. Etwa 30 000 Menschen lebten unter zweifelhaften hygienischen Verhältnissen auf buchstäblich engstem Raum. Vielfach gab es für ganze Familien mit Kindern nur eine Einraumwohnung. In den schmalen Gassen rückten die vorkragenden Häuser in den oberen Geschossen oft so eng zusammen, dass man sich über die Gasse hinweg die Hand reichen oder Leinen spannen konnte, um darauf die Wäsche zu trocknen, dass nur wenig Sonnenlicht oder frische Luft in die Gassen drang oder in die alten Häuser, die vielfach auch noch mit Schädlingen verseucht waren. Kaum ein grünes Pflänzchen gedieh in diesen Verhältnissen. Außerdem waren deutliche Spuren des Verfalls zu sehen.
Dem ganzen Bereich haftete ein typischer Altstadtgeruch an. Man braucht sich nur einmal die Metzgerstraße vorzustellen, die vor allem im Sommer wegen der ständigen Schlachterei einen nahezu höllischen Gestank verbreitet haben muss. Oder wenn in den Haushaltungen das beliebte, weil billige „Fußlappengemüse mit Flöhen" (Weißkohl mit Kümmel) gekocht wurde, dann duftete oder roch oder stank die ganze Gasse samt ihrer Umgebung danach. Es gab nur kleine Geschäfte, Kneipen und Esslokale, die sich gerade so über Wasser halten konnten. Handel und Gewerbe fanden meist auf der Straße statt. Ein Begriff wie Kanalisation war nicht nur ein Fremdwort, es gab jahrhundertelang kein Abwassersystem.
Außerdem hatten die Bewohner noch regelmäßig jedes Jahr mit äußeren Gefahren zu kämpfen, denn bis weit ins 20. Jahrhundert hinein war das Leben in der Altstadt gefährdet, wenn etwa zur Zeit der Schneeschmelze der Main über die Ufer trat, die Gassen unter Wasser standen und die Keller vollliefen. In solchen Zeiten war kein normales Leben mehr möglich. Die Kraft des Wassers war sogar so groß, dass man die alte Mainbrücke neu und vor allem stärker erbauen musste. Erst die Mainregulierung nach dem Zweiten Weltkrieg führte zu einem Rückgang dieser schlimmen Überschwemmungen.
Ungeachtet aller Beschwernisse, aller bedrückenden Lebensumstände hielten sich die Altstädter dennoch für die

einzig wahren Frankfurter. Es gab funktionierende Hausgemeinschaften, die Menschen waren in Notzeiten bereit, mit den Nachbarn zu teilen. Trotz oder gerade wegen ihrer sozialen und wirtschaftlichen Schwäche praktizierten sie also eine bemerkenswerte Hilfsbereitschaft.
Das galt nicht unbedingt für die meist außerhalb der Altstadt in oft luxuriös ausgestatteten Häusern wohnenden Eigentümer der Altstadthäuser, die wegen der geringen Mieten, die sie nur erzielen konnten, kein besonderes Interesse daran hatten, ihren Besitz zu pflegen.
Die sozial schwachen Bevölkerungsschichten aus Tagelöhnern, kleinen Krämern, Kaufleuten und Handwerkern waren im 20. Jahrhundert allerdings eher anfällig für die zweifelhafte NS-Propaganda als ihre sonstigen Mitbürger.
Wer es sich erlauben konnte, der zog aus der Altstadt fort und lebte in der Stadt des 19. Jahrhunderts mit großen Häusern, breiten Straßen und vielen grünen Plätzen, mit Luft, Licht und Sonne.
Ab 1932 fanden die Römerberg-Festspiele statt, die mit Schillers „Jungfrau von Orleans“ eröffnet wurden und sozusagen eine Image-Aufwertung für Besucher aus aller Welt darstellten, die auch die stets ausverkauften Vorstellungen in großer Zahl besuchten. Während des Krieges wurden sie bereits 1940 ausgesetzt.
Auch das Unternehmen „Altstadtgesundung“, das seit 1920 durchgeführt wurde, musste unterbrochen werden. Diese Altstadtsanierung hatte bereits beträchtliche Fortschritte gemacht. Dann fielen am 22. März 1944 die feindlichen Bomben und vernichteten den mittelalterlichen Stadtkern. Es gab nichts mehr zu sanieren. Rund um den Dom, der wie durch ein Wunder nicht zerstört worden war, gab es nur noch eine einzige Trümmerlandschaft. Fast 2 000 Zivilopfer waren zu beklagen.
Nicht nur die materiellen Schäden waren ungeheuerlich, das menschliche Leid der Ausgebombten, der Obdachlosen wog noch schwerer. Zwar konnten sie durch Feldküchen und Kleiderhilfen einigermaßen versorgt werden, aber ihre bisherigen familiären wie nachbarlichen Lebensgemeinschaften bestanden nicht mehr.
Ende März 1945 zogen die Amerikaner in die völlig zerstörte Stadt ein. So entsetzlich diese Zerstörungen waren, für die Archäologen waren sie ein „Glücks“fall, denn unter den Trümmern konnten sie die Überreste einer römischen Villa und der Pfalz Ludwigs des Frommen sowie weitere Zeugnisse aus der Frühzeit der Frankfurter Geschichte aufdecken.
Wie in so vielen anderen deutschen Städten setzte ein mehr oder weniger planvoller Wiederaufbau ein, d. h. zunächst fielen noch so manche historisch wertvollen und erhaltenswerten Bauten der Abrissbirne zum Opfer, um Platz zu schaffen für großzügige Neubauten, die sich über historisch gewachsene Strukturen einfach hinwegsetzten. Manche Planungs- und Bausünde mag aus der Not der Zeit heraus verständlich sein. Aber längst hat ein Umdenken eingesetzt. Und so hat man auch in Frankfurt historische Bauten möglichst originalgetreu oder historisierend wiederaufgebaut, um beispielsweise dem Römerberg sein altes Gesicht wenigstens teilweise wiederzugeben. Sieben Altstadthäuser sind auf diese Weise detailgenau rekonstruiert worden, doch letztlich hat die zweifelhafte neuere Bebauung, haben vor allem Großbauten das alte Bild wohl für immer zerstört. Vielleicht besteht aber doch noch eine neue Chance für das alte Zentrum Frankfurts, denn in jüngster Zeit ist die Diskussion darüber, inwieweit Rekonstruktionen erfolgen sollen, wieder aufgeflammt. Als ein erstes Ergebnis kann die Entscheidung gewertet werden, künftig nur noch eine kleinteilige Bebauung zuzulassen.

FRANKFURT – ORTSNAME

In der bereits erwähnten Urkunde von 794 erscheint der Ortsname als „Franconovurd“ bzw. lateinisch als „Vadum Francorum“, d. h. Furt der Franken. Der Name bezieht sich also auf eine örtliche Gegebenheit, auf die Furt, die nahe der späteren Alten Brücke eine Überquerung des Mains ermöglichte. Nach der Chronik Dietmars (Thietmars) von Merseburg (975–1018) erklärt sich der Ortsname durch die Kämpfe zwischen Karl dem Großen und seinen Franken einerseits und den Sachsen andererseits. Als die Franken in einer Auseinandersetzung unterlagen und sich über den Main zurückziehen wollten, soll eine Hirschkuh vor ihnen den Main durchquert und ihnen damit eine Furt gezeigt haben. Gott habe sie also gerettet. Aus der Furt der Franken soll dann Frankfurt geworden sein. Historisch verbürgt ist allerdings die Tatsache, dass Karl der Große im Frankfurter Gebiet niemals gegen die Sachsen gekämpft hat. Es dürfte naheliegender sein, den Namen mit franconi = francahi = sumpfige Mainfurt in Verbindung zu bringen. Als die Franken dann später ihre Pfalz hier errichteten, konnte der Name natürlich als Furt der Franken oder bei den Franken gedeutet werden. Denkt man an die Redewendung „frank und frei“, dann könnte Frankfurt aber auch nur eine frei zugängliche bzw. passierbare Furt bezeichnet haben.

Und auch die Deutung des Stadtteilnamens „Sachsenhausen“, der angeblich auf die Ansiedlung gefangener Sachsen nach dem Blutgericht Karls des Großen in Verden 782 hinweisen soll, ist historisch nicht haltbar. Sehr viel wahrscheinlicher ist die Herleitung des Namens aus „Sassenhusen“, also aus der Bezeichnung für einen Ort, an dem „Beisassen“ lebten, Menschen ohne volles Bürgerrecht. Sprachgeschichtlich interessant mag ein Vergleich mit dem Kölner Straßennamen „Unter Sachsenhausen“ = „Unter sechzehn Häusern“ sein. Es handelte sich um die älteste Mietskaserne Kölns, die sechzehn Häuser unter einem Dach barg. Schon um 1300 wurde aus dieser Bezeichnung der Straßenname.

FRANKFURT – STADTWAPPEN

Das Wappen der Stadt Frankfurt zeigt auf rotem Grund einen silbernen Adler mit Goldkrone, goldenen Krallen und blauer Zunge. Der einköpfige Adler erinnert an den Reichsadler und damit an den einstigen Status der freien Reichsstadt. Die heutige Gestaltung des Wappens schuf 1841 der Bildhauer Eduard Schmidt von der Launitz. Von 1925 bis 1936 galt als Wappen das expressionistische Bild eines Adlers, geschaffen von Hans Leistikow, das in der Bevölkerung jedoch nicht ankam, so dass man zum vorherigen Wappen zurückkehrte.

Der Frankfurter Adler, wie er einst am Haus „Viole" und später am Neuen Rathaus prangte. Die Inschrift „BENEDICTUM SIT NOMEN DOMINI NOSTRI IESU CHRISTI ANNO SALUTIS MDXI" bedeutet „Gepriesen sei der Name unseres Herrn Jesus Christus. Im Jahre des Heils 1511". (Aus: Fr. Bothe, Geschichte der Stadt Frankfurt, 1929)

I. STADTGESCHICHTE IN ZAHLEN

6. Jt. v. Chr. Jungsteinzeitliche Spuren auf dem Domhügel

4000 v. Chr. Steinzeitliche Siedlungen (Praunheim, Osthafen)

500 v. Chr. Keltische Niederlassungen

75 Römischer Militärstützpunkt auf dem Domhügel und Kastell in Nida

110 Ungefährer Zeitpunkt der Aufgabe des Stützpunktes und Bau ziviler Anwesen

260 Überwindung des Limes durch die Alemannen

260–496 Alemannenzeit

496 Fränkische Besitznahme (Merowinger), Entstehung eines fränkischen Königshofs

794 Ersterwähnung „Franconofurds" in einer Urkunde Karls des Großen anlässlich einer Reichssynode

822 Neubau oder Erneuerung der Königspfalz durch Kaiser Ludwig den Frommen

822–823 Erste Reichsversammlungen der ostfränkischen Stämme

852 Weihe der Pfalzkapelle (Salvatorkirche), des späteren Doms

876 Tod Ludwigs des Deutschen

876 Bezeichnung Frankfurts als „Hauptsitz des Ostreiches" (Regino von Prüm)

941 Otto der Große weilt zu Weihnachten in Frankfurt

1007 Synode Kaiser Heinrichs II. (Gründung des Bistums Bamberg)

1074 Ersterwähnung eines königlichen Zolls in Frankfurt

1140 Bezeichnung der Stadt als „oppidum"

1147 Frankfurter Hoftag Konrads III., Aufruf Bernhard von Clairvaux' zum Kreuzzug

1150 Bau der Staufenmauer, Errichtung der neuen Stauferpfalz (Saalhof)

1152 Königswahl in Frankfurt: Friedrich I. Barbarossa

1157 Erster urkundlicher Beleg für die Existenz der Frankfurter Messe

1194 Erwähnung einer königlichen Münzstätte

1219 Bau der Leonhardskirche

1219 Erster Beleg eines Stadtsiegels

1222 Ersterwähnung der steinernen Mainbrücke

1227 Ersterwähnung der Herbstmesse in einer Königsurkunde

1239 Weihe des Erweiterungsbaus der Salvatorkirche und nunmehrigen Bartholomäuskirche (Dom)

1240 Königlicher Schutz für die Frankfurter Messe

1241 Erste „Judenschlacht"

1254	Frankfurt wird Mitglied des Rheinischen Städtebundes
1266	Ersterwähnung eines Rates (Erweiterung der bisherigen Schöffenbank um die Ratsherrenbank)
1311	Übergang der Verwaltung vom Schultheißen auf die beiden Bürgermeister; Selbstverwaltung
1330	Genehmigung der Frühjahrsmesse (Fastenmesse) durch Kaiser Ludwig den Bayern
1333	Stadterweiterung (Einbeziehung der Neustadt und Sachsenhausens in den Mauerring)
1342	Katastrophale Mainüberschwemmung
1348	Tod des Gegenkönigs Günther von Schwarzburg
1349	Vernichtung der Judengemeinde in der „Zweiten Judenschlacht"
1355–1366	Aufstände der Zünfte gegen den patrizisch besetzten Rat
1356	Goldene Bulle: offizielle Bestätigung Frankfurts als Wahlstadt der deutschen Könige
1360	Erneute Niederlassung jüdischer Bürger
1372	Erwerb des Schultheißenamtes und des Stadtwaldes: Freie Reichsstadt
1387	Etwa 10 000 Einwohner
1389	Schwere Niederlage in der Schlacht bei Kronberg als Mitglied des Rheinischen Städtebundes
1393	Ersterwähnung der Landwehr
1405	Erwerb der Häuser Zum Römer und Zum Goldenen Schwan, Umbau zum Rathaus
1415	Grundsteinlegung für den neuen Domturm
1428	Vollendung des Eschenheimer Turms
1452	Einweihung zweier Tochterkirchen von St. Bartholomäus durch Kardinal Nikolaus von Kues
1460–1462	Errichtung des Judenghettos: Judengasse
1478	Erste Buchhändler auf der Frankfurter Messe
1495	Eröffnung des Reichskammergerichts im „Haus Braunfels"
1509	„Frankfurter Reformation": Legalisierung der Übernahme des römischen Rechts
1520	Gründung der „Junkerschule" (Lateinschule, Gymnasium)
1521	Luther in Frankfurt
1525	Bürgerunruhen, Zunftaufruhr, Forderungen nach Reformen von Verwaltung, Kirche und Sozialwesen (Beschwerdekatalog mit 46 Artikeln)
1533	Offizielle Einführung der Reformation
1546–1547	Beteiligung am Schmalkaldischen Krieg und Besetzung durch kaiserliche Truppen
1548	Rückgabe der Bartholomäus-, der Liefrauen- und der Leonhardskirche an die Katholiken
1552	Vergebliche Belagerung der kaisertreuen Stadt durch Moritz von Sachsen im „Fürstenkrieg"
1554	Zuzug niederländischer Reformierter und protestantischer Engländer (Glaubensflüchtlinge)
1562	Erste Kaiserkrönung (Maximilian II.) – Frankfurt fortan Wahl- und Krönungsstadt
1585	Eröffnung eines regelrechten Börsenverkehrs

1612–1614 Fettmilchaufstand: Verfassungskonflikt zwischen Bürgerschaft und Rat, Beschränkung der Zahl der Patrizier im Rat, Einrichtung des Rechnungsprüfungskollegs der „Neuner", Hinrichtung des Anführers der Bürgerunruhen, Vinzenz Fettmilch, 1616 auf dem Rossmarkt

1628 Vollendung des berühmten Vogelschauplans der Stadt durch Matthäus Merian d. Ä.

1628–1667 Anlegung eines Walles aus Bastionen vor der mittelalterlichen Stadtmauer

1631–1632 Besetzung der Stadt durch König Gustav Adolf von Schweden mit seinen Truppen

1635 Kampf um die Mainbrücke (Söldner der Stadt auf Frankfurter Seite, schwedische Garnison auf in Sachsenhausener Seite)

1635–1637 Hungersnot und Pest

1678–1681 Errichtung der Katharinenkirche, repräsentativer Bau der lutherischen Bürgerschaft

1679 Einrichtung eines Waisenhauses

1685 Zuzug hugenottischer Glaubensflüchtlinge aus Frankreich

Der zeitgenössische Stich zeigt eine Szene aus den Festlichkeiten anlässlich der Krönung Kaiser Maximilians II. 1562. Vor dem Gerechtigkeitsbrunnen auf dem Römerberg drehen vier Metzger an einem Spieß einen gefüllten Festochsen.

1708–1732 „Unblutige" Revolution, Sieg der Bürger, Einrichtung eines Bürgerausschusses zur Kontrolle der städtischen Finanzen

1711 Verheerender Brand in der Judengasse („Judenbrand"); erneuter Brand 1721

1719 Vernichtung der nördlichen Altstadt (400 Häuser) im großen „Christenbrand"

1724 Sitz der Hauptverwaltung des Postunternehmens der Fürsten von Thurn und Taxis in Frankfurt

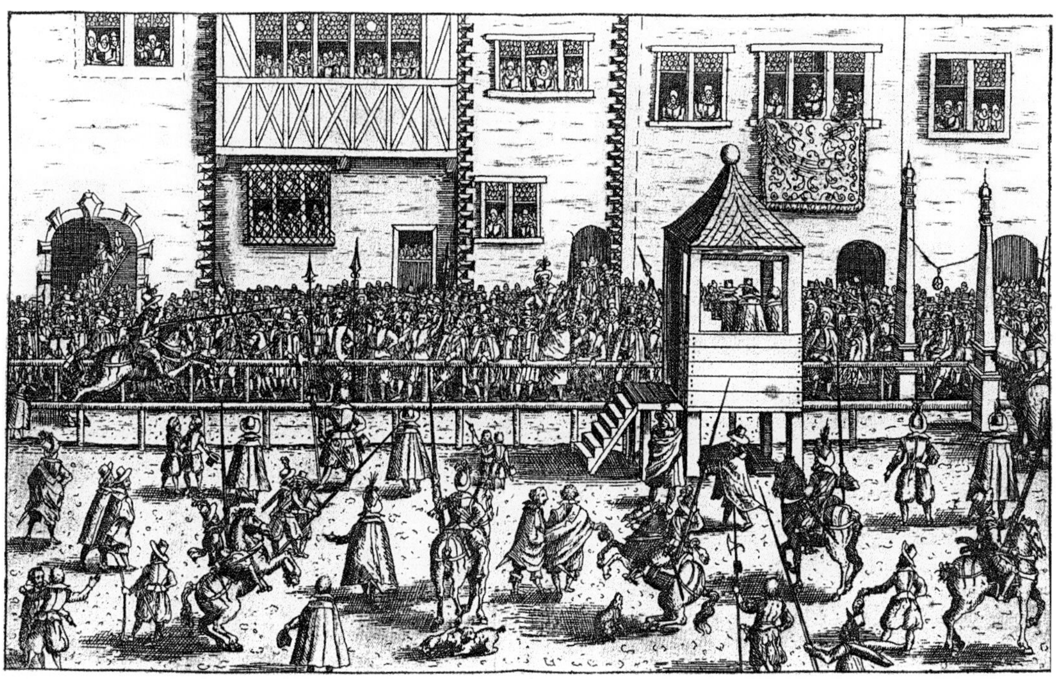

Der zeitgenössische Stich dokumentiert das Ringreiten, das aus Anlass der Wahl und Krönung Kaiser Matthias' 1612 veranstaltet wurde. Der in der Bahn herangaloppierende Reiter musste mit seiner Lanze den zwischen zwei Pfosten hängenden Ring treffen und abziehen. Aus den Fenstern und auf dem Platz verfolgen viele Zuschauer das offenbar spannende Geschehen.

1730–1740 Blütezeit des Zeitungswesens

1732 Einrichtung des Einundünfzigerkollegs als tatsächliche Bürgervertretung

1742–1745 Frankfurt Residenz Kaiser Karls VII.

1749 Geburt Goethes in Frankfurt

1759–1763 Besetzung Frankfurts durch französische Truppen als nominell Verbündete im Siebenjährigen Krieg

1764 Wahl und Krönung Josephs II.

GOETHE ÜBER DIE KRÖNUNG JOSEPHS II. ZUM DEUTSCHEN KÖNIG – 1764

Der Krönungstag brach endlich an, den 3. April 1764; das Wetter war günstig und alle Menschen in Bewegung. Man hatte mir, nebst mehrern Verwandten und Freunden, in dem Römer selbst, in einer der oberen Etagen, einen guten Platz angewiesen. Wo wir das Ganze vollkommen übersehen konnten. Mit dem frühesten begaben wir uns an Ort und Stelle und beschauten nunmehr von oben, wie in der Vogelperspektive, die Anstalten, die wir tags vorher in nähern Augenschein genommen hatten. Da war der neuerrichtete Springbrunnen mit zwei großen Kufen rechts und links, in welche der Doppeladler auf dem Ständer

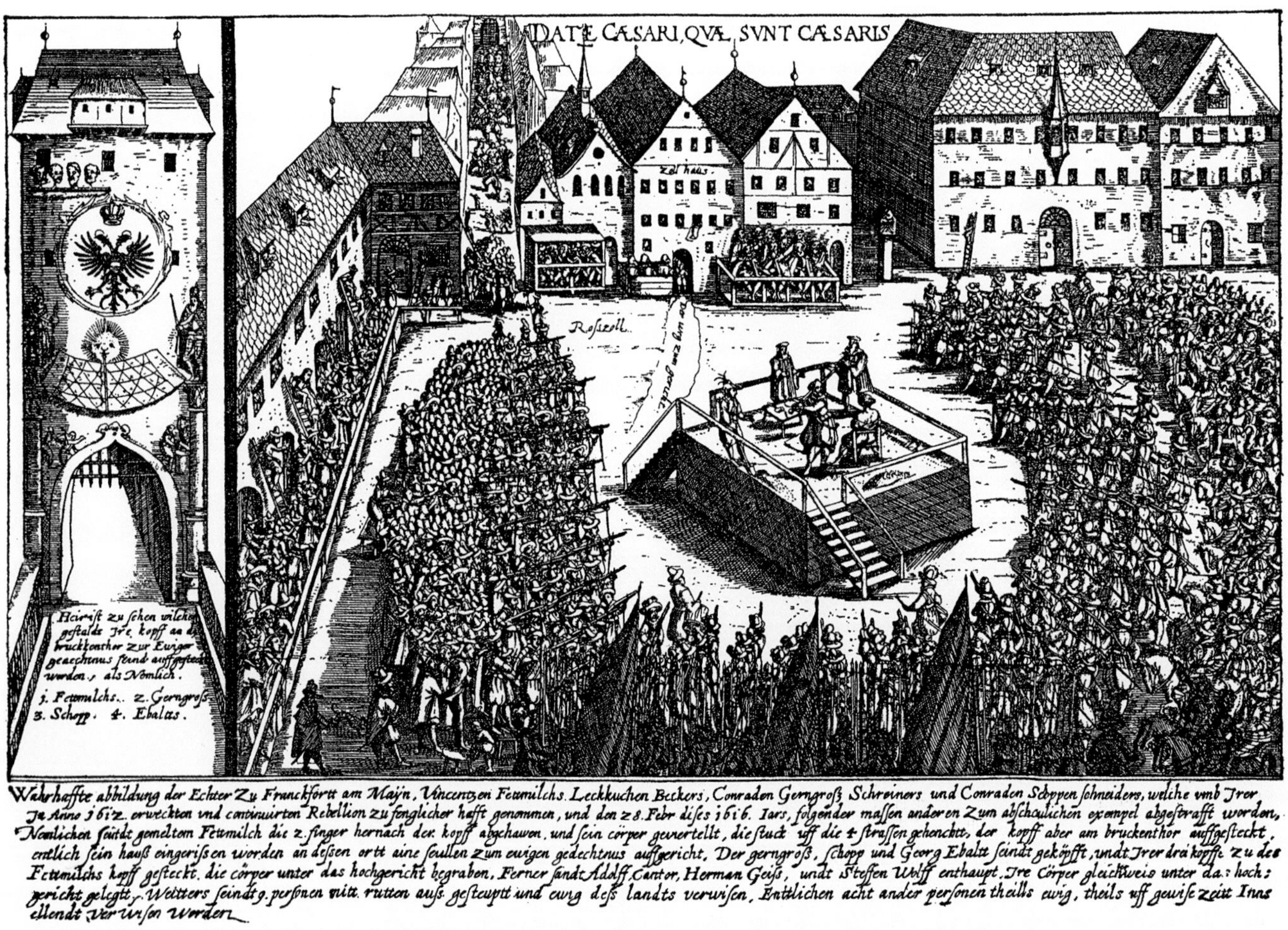

Darstellung der Hinrichtung der Hauptrödelsführer des Fettmilch-Aufstandes von 1616. Ort des grausigen Geschehens, das von einer großen Menschenmenge verfolgt wird, war der Rossmarkt. Auf dem Stich ist eigens vermerkt, dass es sich um eine „wahrhaftige Abbildung“ handelt. Vinzenz Fettmilch selbst hat man zwei Finger und dann der Kopf abgeschlagen. Sein Körper wurde gevierteilt, und die Stücke wurden auf die vier Straßen gehängt, der Kopf aber am Brückentor aufgesteckt. Sein Haus hat man eingerissen und an seiner Stelle eine Gedenksäule aufgestellt. Weitere Mitverschworene wurden ebenfalls geköpft, ihre Köpfe am Brückentor befestigt und ihre Körper unter dem Hochgericht (Galgen) begraben. Andere sind ausgepeitscht und des Landes bzw. der Stadt verwiesen worden. Der Stich zeigt eine Enthauptungsszene und links das Brückentor mit den Köpfen der Hingerichteten. Die Inschrift am oberen Bildrand bedeutet: Gebt dem Kaiser, was des Kaisers ist.

Ansicht des Römerbergs 1658, „Alwoh nach geschehener Krönungs-Procession die H. Churfürsten Ihro Erb Ämpter verrichten". Im Einzelnen sind zu sehen: der Kaiser; die Kurfürsten von Mainz und Trier; die Kurfürsten von Köln, Sachsen, Pfalz; Gesandte aus Bayern und Brandenburg an den Fenstern des Römers; der Kurfürst von der Pfalz holt Hafer für das Pferd des Kaisers; der Erbtruchsess trägt ein Stück Ochsenfleisch zum Kaisermahl; der Kurfürst von der Pfalz wirft Münzen unter das Volk; zwei Grafen verteilen Geld; Bäcker verteilen Brot an das Volk; Holzbrunnen mit Reichsadler, aus dessen Röhren roter und weißer Wein fließt; Ochsenbraterei; drei Frankfurter Kompanien zu Pferd.

Caspar Merian schuf diese „Abbildung der Rennbahn auff dem Rossmarckt in Franckfurt am Mayn, Allwoh das Ritterliche Köpffe Rennen gehalten worden, den 30. Juny – 10. July Ao. 1658". Zu Wahl und Krönung Kaiser Leopolds I. wurde für das Volk also ein großes Schauturnier veranstaltet. Gleichzeitig vermittelt die Abbildung eine genaue Vorstellung vom Erscheinungsbild des Rossmarktes. Im Hintergrund rechts erscheint der Eschenheimer Turm.

Der kunstvoll gestaltete, mit symbolischen Zutaten versehene Kupferstich zeigt die feierliche Krönung Kaiser Josephs II. am 3. April 1764

weißen Wein hüben und roten Wein drüben aus seinen zwei Schnäbeln ausgießen sollte. Aufgeschüttet zu einem Haufen lag dort der Haber, hier stand die große Bretterhütte, in der man schon einige Tage den ganzen fetten Ochsen an einem ungeheuren Spieße bei Kohlenfeuer braten und schmoren sah. Alle Zugänge, die vom Römer aus dahin und von andern Straßen nach dem Römer führen, waren zu beiden Seiten durch Schranken und Wachen gesichert. Der große Platz füllte sich nach und nach, und das Wogen und Drängen ward immer stärker und bewegter, weil die Menge womöglich immer nach der Gegend hinstrebte, wo ein neuer Auftritt erschien und etwas Besonderes angekündigt wurde. …
Das Auge war schon ermüdet durch die Menge der reichgekleideten Dienerschaft und der übrigen Behörden, durch den stattlich einher wandelnden Adel; und als nunmehr die Wahlbotschafter, die Erbämter und zuletzt unter dem reichgestickten, von zwölf Schöffen und Ratsherrn getragenen Baldachin der Kaiser in romantischer Kleidung, zur Linken, etwas hinter ihm, sein Sohn in spanischer Tracht, langsam auf prächtig geschmückten Pferden einherschweben, war das Auge nicht mehr sich selbst genug. Man hätte gewünscht, durch eine Zauberformel die Erscheinung nur einen Augenblick zu fesseln; aber die Herrlichkeit zog unaufhaltsam vorbei, und den kaum verlassenen Raum erfüllte sogleich wieder das hereinwogende Volk.
Nun aber entstand ein neues Gedränge: denn es mußte ein anderer Zugang, von dem Markte her, nach der Römertür eröffnet und ein Bretterweg aufgebrückt werden, welchen der aus dem Dom zurückkehrende Zug beschreiten sollte.
Was in dem Dome vorgegangen, die unendlichen Zeremonien, welche die Salbung, die Krönung, den Ritterschlag vorbereiten und begleiten, alles dieses ließen wir uns in der Folge gar gern von denen erzählen, die manches andere aufgeopfert hatten, um in der Kirche gegenwärtig zu sein. …
Ältere Personen, welche der Krönung Franz des Ersten beigewohnt, erzählten: Maria Theresia, über die Maßen schön, habe jener Feierlichkeit an einem Balkonfenster des Hauses Frauenstein, gleich neben dem Römer, zugesehen. Als nun ihr Gemahl in der seltsa-

men Verkleidung aus dem Dome zurückgekommen und sich ihr sozusagen als ein Gespenst Karls des Großen dargestellt, habe er wie zum Scherz beide Hände erhoben und ihr den Reichsapfel, den Szepter und die wundersamen Handschuh hingewiesen, worüber sie in ein unendliches Lachen ausgebrochen, welches dem ganzen zuschauenden Volke zur größten Freude und Erbauung gedient, indem es darin das gute und natürliche Ehgattenverhältnis des allerhöchsten Paares der Christenheit mit Augen zu sehen gewürdigt worden. Als aber die Kaiserin, ihren Gemahl zu begrüßen, das Schnupftuch geschwungen und ihm selbst ein lautes Vivat zugerufen, sei der Enthusiasmus und der Jubel des Volks aufs höchste gestiegen, so daß das Freudengeschrei gar kein Ende finden können.
Nun verkündigte der Glockenschall und nun die Vordersten des langen Zuges, welche über die bunte Brücke ganz sachte einherschritten, daß alles getan sei. Die Aufmerksamkeit war größer denn je, der Zug deutlicher als vorher, besonders für uns, da er jetzt gerade nach uns zuging. Wir sahen ihn so wie den ganzen volkserfüllten Platz beinah im Grundriß. Nur zu sehr drängte sich am Ende die Pracht, denn die Gesandten, die Erbämter, Kaiser und König unter dem Baldachin , die drei geistlichen Kurfürsten, die sich anschlossen, die schwarz gekleideten Schöffen und Ratsherren, der goldgestickte Himmel, alles schien nur eine Masse zu sein, die, nur von einem Willen bewegt, prächtig harmonisch und soeben unter dem Geläute der Glocken aus dem Tempel tretend, als ein Heiliges uns entgegenstrahlte.
Eine politisch-religiöse Feierlichkeit hat einen unendlichen Reiz. Wir sehen die irdische Majestät vor Augen, umgeben von allen Symbolen ihrer Macht; aber indem sie sich vor der himmlischen beugt, bringt sie uns die Gemeinschaft beider vor die Sinne. Denn auch der einzelne vermag seine Verwandtschaft mit der Gottheit nur dadurch zu betätigen, daß er sich unterwirft und anbetet.
Der von dem Markt her ertönende Jubel verbreitete sich nun auch über den großen Platz, und ein ungestümes Vivat erscholl aus tausend und abertausend Kehlen, und gewiß auch aus den Herzen. Denn dieses große Fest sollte ja das Pfand eines dauerhaften Friedens werden, der auch wirklich lange Jahre hindurch Deutschland beglückte.

(Johann Wolfgang von Goethe, Dichtung und Wahrheit. 1. Teil, 5. Buch, Artemis-Gedenkausgabe Band 10, Deutscher Taschenbuch Verlag, München 1977, S. 219 ff.)

1772 Hinrichtung der Kindsmörderin Susanne-Margarethe Brand, des Vorbilds der Gretchenfigur in Goethes „Faust“

1779 Eröffnung des Bürgerspitals (Stiftung J. Chr. Senckenbergs von 1763)

1786 Geburt Juda Löb Baruchs alias Ludwig Börnes in der Judengasse, der späteren Börnestraße

1787 Genehmigung zum Bau reformierter Gotteshäuser

1789 Baubeginn der Paulskirche

1792 Letzte Kaiserkrönung: Franz II.

1792 Französische Besetzung, ebenfalls 1796, 1800 und 1806

1804 Schleifung der Festungsanlagen

1806 Ende der Reichsunmittelbarkeit und Umwandlung zur Fürstenstadt (Fürstprimas Carl Theodor von Dalberg)

1810 Hauptstadt des Großherzogtums Frankfurt

1811 Gleichberechtigung der jüdischen Mitbürger

1812 Tod Mayer Amschel Rothschilds, des Begründers des berühmten Bankhauses

1813 Kampf an der Mainbrücke (kaiserliche Garde in Frankfurt, bayerische Truppen in Sachsenhausen)

1815 Erhebung zur Freien Stadt und Sitz des Bundestags des Deutschen Bundes

1816 Verfassungsfest (Eid auf die freistädtische Verfassung)

1816 Erneute wirtschaftliche und politische Einschränkungen für die Juden

1824 Privatrechtliche Gleichstellung der Juden als „israelitische Bürger“

Die Paulskirche steht während der Revolution von 1848/49 im Mittelpunkt heftiger Auseinandersetzungen, bei denen sogar Pflastersteine aufgenommen werden, die die Demonstranten als Wurfgeschosse einsetzen. Konkret zu sehen ist ein „Wüthender Angriff der Republikaner auf das in der Paulskirche zu Frankfurt versammelte deutsche National-Parlament, am 18. September 1848". Der Text verrät die näheren Umstände:

Was woget und brauset so dumpf heran,
Erfüllt mit Gebrülle die Straßen?
Es ist der Pöbel im tollen Wahn,
Er wüthet über die Maßen.

Warum wogt und braus't er so dumpf heran,
Erfüllt mit Morden die Straßen?
Er will sie morden Mann für Mann,
Die vom Recht sich nicht abbringen lassen.

Wer hat sie getrieben so toll heran,
Zu erfüllen mit Morden die Straßen?
Die Republikaner im irren Wahn,
Sie können die Ruhe nur hassen.

Die Abgeordneten Preußens für die deutsche National-Versammlung hatten sich ermannt, hatten für den Waffenstillstand mit Dänemark, für Ruhe und Frieden in ihrem Lande und in ganz Deutschland, für Gesetz und Ordnung gesprochen und der Fürst Lichnowsky und General v. Auerswald sich besonders ausgezeichnet; und der größte Theil der Versammlung war auf ihre Seite getreten. Das hatte nun die Republikaner, deren Dichten und Trachten nur darauf geht, durch eine allgemeine Revolution alles von Unterst zu Oberst zu kehren, alles Bestehende zu vernichten und sich selbst zur Herrschaft zu bringen, aufs Höchste erbittert. Sie hetzten das Volk in großen Volksversammlungen auf, machten Verschwörungen und beschlossen endlich durch ihrer angeworbenen Haufen die National-Versammlung in der Paulskirche aus einander zu jagen und die, welche für die gute Sache gestimmt hatten, umzubringen. Sie setzten dies am 18. September ins Werk. Tobende Haufen umlagerten die Paulskirche und wollten hineindringen, wurden aber durch das Militair vertrieben. Nun vertheilten sie sich in die Straßen, bauen Barrikaden und schießen aus den Fenstern der Häuser. Das Militair wird nun kommandirt, die Barrikaden zu nehmen, die Anführer zu vertreiben. Und sie rücken vor, die Oesterreicher treu, die Hessendarmstädter muthig und gewandt und die Preußen sicher, rasch und ohne Besinnen. Die Barrikaden werden überwältigt, das Feuer aus den Häusern gedämpft. Es war eine Freude, Offiziere und Mannschaft so vieler Stämme wie eine lebendige, muthvolle Mauer für die National-Versammlung des deutschen Reichs in den Tod gehen zu sehen. Das Gefecht entschied sich unaufhörlich zu Gunsten der Truppen. Aus der Umgegend waren schnell 6–7000 Mann versammelt. 12 Geschütze mit Kartätschen und Kavallerieangriffe bereiteten dem frevelhaften Aufruhr raschen Untergang. Abends 8 Uhr war der Sieg entschieden.

1832 Handelsvertrag mit England

1833 „Frankfurter Putsch": Erstürmung der Wachen durch Studenten aus Protest gegen die Politik des Deutschen Bundestages

1836 Anschluss an den Zollverein

1839 Eröffnung der Eisenbahnstrecke Frankfurt-Höchst-Wiesbaden

1838 „Mozart-Fest": erstes nationales Sängerfest

1844 Erscheinen des weltberühmten Kinderbuchs „Der Struwwelpeter" von Heinrich Hoffmann

Officielle Festzeitung

für das 5te allgemeine deutsche Turnfest zu Frankfurt a/m 1880

Gut Heil

Organ des Preßausschusses.

Verlag von Heinrich Keller, Zeil 37.
Die Festzeitung erscheint in 10 Nummern, am 11., 18. und 24.–30. Juli und einmal Anfang August. Abonnementspreis 2 Mark.

Inserate, die viergespaltene Petitzeile oder deren Raum 30 Pfennig, werden durch die Annoncen-Expedition von Rudolf Mosse in Frankfurt a. M. und von dessen übrigen Häusern angenommen.

№ 10. Freitag den 6. August 1880.

Auf der Titelseite der „Officiellen Festzeitung für das 5te allgemeine deutsche Turnfest zu Frankfurt a/M 1880" sind zwei Turnjünger, eingerahmt von Blumenschmuck und Bannern, bemüht, dem Turnvater Jahn zwei Lorbeerkränze aufzusetzen. Im Hintergrund ist die Silhouette der Stadt zu sehen.

1848–1849 Eröffnung des ersten demokratischen deutschen Parlaments am 18. Mai 1848 in der Paulskirche: Verabschiedung der wegen des Scheiterns der Revolution allerdings nicht in Kraft getretenen Reichsverfassung (Grundrechte)

1848 Straßenkämpfe

1853 Staatsbürgerliche Gleichstellung der Juden

1856 Verfassungsänderung mit staatsbürgerlichen Rechten für Juden und Dorfbewohner

1858 Anfänge des Zoos an der Bockenheimer Landstraße, 1872 Verlegung auf die Pfingstweide

1859 Gründung des Freien Deutschen Hochstifts durch Otto Volger

1859 Nationales Freiheitsfest zum 100. Geburtstag Friedrich Schillers

1861 Erste Vorstellung des Telefons durch Philipp Reis im Physikalischen Verein

1862 Erstes Deutsches Bundesschießen (Schützenfest); Kundgebung für einen demokratischen deutschen Nationalstaat

1863 Fürstentag: Ablehnung einer Reform des Deutschen Bundes durch Preußen

1863 Gründung der Farbwerke Hoechst

1864 Einführung der Gewerbefreiheit

1866 Inbesitznahme der Stadt durch Preußen, hohe Kontributionszahlung

1867 Dombrand

1868 Errichtung des Eisernen Stegs

1869 Anlegung des Palmengartens

1871 Friedensschluss nach dem Deutsch-Französischen Krieg im Hotel „Zum Schwan", Unterzeichnung des Friedensvertrages: „Frankfurter Friede"

1875 Anstieg der Bevölkerung auf mehr als 100 000 Einwohner

1877 Eingemeindung Bornheims

1879 Vollendung des Neubaus der Börse, des „Kapitalistendoms"

1880 Eröffnung des dem Wahren, Schönen, Guten gewidmeten Opernhauses mit Mozarts „Don Giovanni"

1884	Inbetriebnahme der ersten elektrischen Straßenbahn Deutschlands zwischen Sachsenhausen und Offenbach
1886	Kanalisation des Mains
1888	Eröffnung des Hauptbahnhofs, des damals größten europäischen Zentralbahnhofs
1891	Internationale Elektrotechnische Ausstellung: Durchbruch für die weltweite Nutzung der Elektrotechnik
1895	Eingemeindung Bockenheims
1900	Eingemeindungen: Oberrad, Niederrad, Seckbach
1902	Eröffnung des neuen Schauspielhauses
1902	Vollendung des neuen Rathauses
1905	Mehr als 400 000 Einwohner
1908	Einweihung der Festhalle mit dem 11. Deutschen Turnerfest
1909	Internationale Luftschifffahrt-Ausstellung (ILA) und erste Zeppelinlandung am 31. Juli
1910	Internationale Ausstellung für Sport und Spiel
1910	Eingemeindung des ganzen bisherigen Landkreises
1912	Eröffnung des Osthafens
1913	Abbruch der „Alten Brücke“
1914	Eröffnung der Universität; seit 1932 Johann Wolfgang Goethe-Universität
1914–1918	Arbeits- und Versorgungsprobleme im Ersten Weltkrieg („Kohlrübenwinter“ 1916/17)
1919	Wiederbelebung der Frankfurter Messe mit der „Einfuhrmesse“

Auf die Bedeutung Frankfurts als Messe- und Ausstellungsstadt verweist diese Extrabeilage zur Nr. 114 der „Kleinen Presse“, die aus der Vogelperspektive einen Blick über das am Main befindliche Gelände der „Internationalen Electrotechnischen Ausstellung“ von 1891 bietet. Es gab nicht nur technische Einrichtungen zu sehen, auch für Unterhaltung und Beköstigung der Besucher war gesorgt, und zwar durch Bierhallen, elektrische Bahnen, einen Leuchtturm, durch Restaurants, Theater, Apfelwein-Wirtschaften, durch einen Schießstand, einen Wasserfall, einen orientalischen Irrgarten usw.

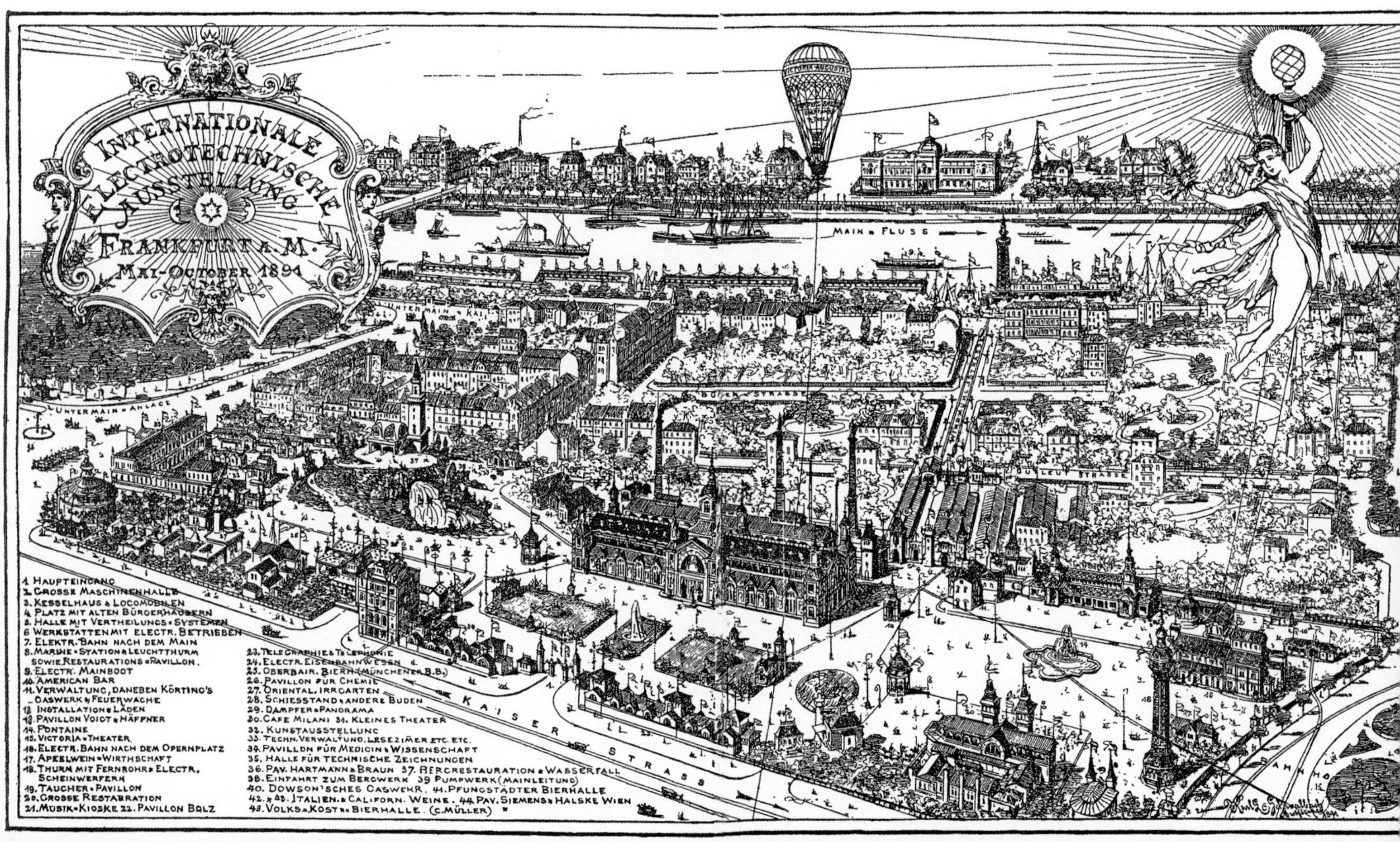

1924 Eröffnung des Instituts für Sozialforschung

1925 Umsetzung des Siedlungskonzepts Ernst Mays (12 000 öffentlich geförderte Wohnungen bis 1930)

1925 Erste Internationale Arbeiter-Olympiade im Waldstadion

1926 Einweihung der neu erbauten „Alten Brücke"

1926 Einweihung des Flughafens am Rebstock

1928 Eingemeindungen: Schwanheim, Fechenheim, Sossenheim, Griesheim, Nied, Höchst, Zeilsheim, Unterliederbach (548 000 Einwohner)

1933 Eroberung des Rathauses durch die Nationalsozialisten nach den Kommunalwahlen vom 12. März und Beginn der „Gleichschaltung"

1935 Zusatzname Frankfurts: „Stadt des deutschen Handwerks"

1936 Eröffnung des Lufthafens Rhein-Main

1938 Reichspogromnacht am 9./10. November: Misshandlungen jüdischer Mitbürger, Zerstörung jüdischer Wohnungen, Geschäfte, Synagogen

1941 Beginn der Deportation von 9 415 jüdischen Mitbürgern

1944 Schwerste Luftangriffe des Zweiten Weltkriegs vom 18. bis 24. März: Zerstörung der Altstadt und der Innenstadt, 1870 Zivilopfer, Vernichtung von 90.000 Wohnungen und 1 200 Fachwerkhäusern

1945 Ende der NS-Gewaltherrschaft; Einzug der Amerikaner

1946 Beginn des Wiederaufbaus

1948 Währungsreform: Frankfurt als Sitz der Bank Deutscher Länder, der späteren Bundesbank

1949 Erste Buchmesse der Nachkriegszeit in der wieder aufgebauten Paulskirche

Die Festschrift zum 11. Deutschen Turnfest in Frankfurt 1908 zierte ein Werk von August Grätz, das einen stolzen Reiter hoch zu Ross mit wehender Fahne in der Rechten zeigt

1951 Erste Verleihung des Friedenspreises des Deutschen Buchhandels in der Paulskirche an Albert Schweitzer

1955 Mehr als 600 000 Einwohner

1968 Studentenunruhen im Zusammenhang mit der Forderung nach Mitspracherecht an der Universität

1968 Eröffnung der ersten U-Bahn-Linie

1975 Einsetzung des Umlandverbandes Frankfurt für die Regionalplanung (Frankfurt und 42 weitere Gemeinden); Verabschiedung eines Flächennutzungsplanes

1977 Eingemeindung von Bergen-Enkheim (Stadtgebiet: 249 km^2)

1981 Wiedereröffnung der Alten Oper

1983 Abschluss der Bauarbeiten an der in historischen Formen neu entstandenen Ostseite des Römerbergs

Auf die wachsende Bedeutung des Luftverkehrs machte schon 1909 die ILA, die „Internationale Luftschiffahrt-Ausstellung" aufmerksam. Ein sehr zerbrechlich wirkender Doppeldecker, ein Ballon und ein Luftschiff kreisen auf dem Plakat um den ehrwürdigen Dom. Der Entwurf stammt von R. Oppenheim.

Andreas Laber gestaltete das Plakat zur „Internationalen Ausstellung für Sport und Spiel" 1910, die Frankfurt nun auch als herausragende Sportstadt würdigte

Die Abbildungen zu den bereits genannten Ausstellungen kündeten von der Weltoffenheit Frankfurts und seiner Menschen. Darüber vergaßen sie aber nicht die Geschichte, die Kunst und Kultur ihrer Stadt. 1928 richteten sie die viel beachtete Ausstellung „Aus Alt-Frankfurter Bürgerhäusern" aus, die der Öffentlichkeit „kostbares Familiengut" und besondere geschichtsträchtige Objekte vorstellte. Vor dem Stadtplan der Innenstadt ist auf dem Plakat als ein Ausstellungsort das Haus „Zur Goldenen Wage" zu sehen.

1984 Einweihung der Startbahn 18 West des Flughafens, des bedeutendsten auf dem Kontinent

1990 Vollendung des 256,5 m hohen Messeturms, des höchsten europäischen Bürogebäudes

1993 Frankfurt Sitz des Europäischen Währungsinstituts, seit 1998 Europäische Zentralbank (EZB)

1994 1200-jähriges Stadtjubiläum

1996 Richtfest des mit Antenne 299 m hohen Gebäudes der Commerzbank

2000 Eröffnung des 200 m hohen Maintowers der Hessisch-Thüringischen Landesbank

2003 Einweihung des Hochhauses der Dresdner Bank an der Gallusanlage

2004 Frankfurt Sitz von 337 Kreditinstituten und Wertpapierhandelsbanken, darunter 199 ausländische Institute (Frankfurt = „Bankfurt")

2007 Frankfurt zählt am 31. Dezember 667 468 Einwohner

2008 Ende der Um- und Neugestaltung der innerstädtischen Plätze: Rathenauplatz, Goetheplatz, Rossmarkt

2009 Richtfest auf dem 169,5 m hohen Opernturm

2009 Eröffnung des „PalaisQuartiers", des großen Einkaufszentrums zwischen Zeil und Großer Eschenheimer Straße

2010 Abriss des Technischen Rathauses als Startschuss für die Rekonstruktion von 36 historischen Häusern als Wiederaufbau eines Teils der einstigen Altstadt

II. FRANKFURT – GESCHICHTE KURZGEFASST

ANFÄNGE

Das rechte Mainufer, auf dem später die Stadt Frankfurt entstehen sollte, ist seit etwa 5 000 Jahren als Siedlungsgebiet nachgewiesen. Mainfurten bestanden im Bereich des späteren West- und Osthafens und unterhalb des Dombergs. Kelten haben hier gesiedelt. Die Römer errichteten im 1. Jahrhundert nach Christus auf dem Domhügel, einer ehemaligen Maininsel, eine kleine Siedlung und eine Militärstation, später ein Landgut (villa rustica), an dessen Stelle ein fränkischer Königshof mit einer kleinen, rechteckigen Kapelle trat, aus deren Nachfolgebauten der Dom hervorgehen sollte. Der Platz war wegen seiner Lage besonders günstig, denn er schützte nicht nur vor Hochwasser, sondern bot auch einen Überblick über die weitere Umgebung. Außerdem war der Main ein günstiger Handels- und Verkehrsweg und meist leicht zu überqueren. Der Domhügel ist also die Keimzelle Frankfurts.

KÖNIGSPFALZ UND KÖNIGSSTADT (BIS 1372)

Die erste urkundliche Erwähnung aus dem Jahre 794 ist einer Reichsversammlung in Frankfurt zu verdanken. Das damalige „Franconofurd“ (= Furt der Franken) muss also bereits eine bekannte und bedeutende Stätte im Frankenreich gewesen sein. Davon kündet beispielsweise das 1992 im Dom freigelegte Grab einer merowingischen Fürstentochter. Über diesem Grab erhob sich eine kleine Kirche, wohl Vorgängerin der späteren Pfalzkapelle und damit auch der Bartholomäuskirche, also des Doms. Im 9. Jahrhundert ließ Ludwig der Deutsche die Kapelle ausbauen, weil Frankfurt sich zu einem bevorzugten Aufenthaltsort der Karolinger entwickelt hatte und bis 890 die Hauptresidenz des ostfränkischen Reiches blieb. Schon 855 hatte hier die erste Königswahl stattgefunden (Lothar II.).

Wenn Frankfurt unter den sächsischen und salischen Herrschern auch an politischer Bedeutung einbüßte, so behielt es doch seinen Rang als Mittelpunkt einer großen königlichen Grundherrschaft und als wichtiges Verkehrs- und Handelszentrum.

Einen neuen Aufschwung erfuhr Frankfurt unter den Staufern, als Konrad III. im 12. Jahrhundert die königliche Pfalz ans Mainufer verlegte und dort den Saalhof errichtete. Eine städtische Siedlung mit vorwiegend Handwerkern und Händlern entstand, die ummauert wurde und schon unter Kaiser Friedrich II. eine wichtige Rolle als Messe- und Handelsplatz spielte. Er hob die vogteirechtlichen Verhältnisse auf, setzte einen Schultheißen an die Spitze der königlichen Verwaltung, der zusammen mit einem Schöffenkollegium auch die Rechtssprechung innehatte, und förderte 1240 mit einem ausdrücklichen Privileg Frankfurts Stellung als Messestadt. Sie sollte sich schon bald zu einem ausgesprochenen Zentrum des Fernhandels aufschwingen.

Während des 12. und 13. Jahrhunderts entwickelte sich zusehends auch der Brückenkopf Sachsenhausen, in dem sich vorwiegend Schiffer und Weinbauern ansiedelten. Als 1266 erstmals auch Ratsherren zugelassen wurden, war dies ein Zeichen dafür, dass sich die Siedlung aus der Vorherrschaft des Königs zu lösen begann und erste Möglichkeiten zu einer eigenen Verwaltung erhielt. Im Jahre 1311 kam Frankfurt in den Genuss der Selbstverwaltung, als zwei Bürgermeister an die Spitze der Verwaltung traten und ein Stadtrat aus Schöffen und Ratsherren gebildet wurde, der später um die Bank ratsfähiger Handwerker erweitert wurde. Der Schultheiß behielt den Vorsitz im Stadtgericht. 1320 erhielt die Stadt zudem das Steuerrecht und 1330 die kaiserliche Erlaubnis für eine zweite Messe, die Fasten- oder Frühjahrsmesse.

Im Zusammenhang mit der wachsenden Selbstverwaltung ist Frankfurts Aufstieg zu einem führenden europäischen Fernhandelszentrum zu sehen. Schon Friedrich II. hatte 1240 die jährliche Herbstmesse mit einem kaiserlichen Privileg bedacht. Diese Entwicklung führte zur Zollbefreiung im Reich und zur Genehmigung einer zweiten Messe im Frühjahr. Die wirtschaftlichen Erfolge waren der Grund für eine deutliche Zunahme der Bevölkerung, so dass 1333 eine Stadterweiterung bewilligt wurde, die das bisherige Gebiet etwa verdreifachte. Es war bereits die zweite Stadterweiterung; die erste Stadtmauer hatte bis zum Braubach gereicht, die zweite aus der Mitte des 12. Jahrhunderts bis zur Zeil; jetzt dehnte sich die Stadt bis zu den späteren Promenaden aus.
Kaiser Karl IV. aus dem Hause Luxemburg bestätigte 1356 in der „Goldenen Bulle“ Frankfurt offiziell als ständigen Ort der Königswahlen. Diesen Rang konnte die Stadt bis zum Ende des Heiligen Römischen Reiches Deutscher Nation 1806 behaupten. Mit der ersten Kaiserkrönung 1562 wurde die Stadt zusätzlich auch Krönungsort. Die letzte Kaiserkrönung erlebte sie 1792, als Kaiser Franz II. den deutschen Kaiserthron bestieg. Der Habsburger dankte 1806 unter dem Druck Napoleons ab und wurde als Franz I. Kaiser von Österreich.

KAISERKRÖNUNGEN IN FRANKFURT AM MAIN

1562	30. September	Maximilian II.
1612	24. Juni	Matthias
1619	09. September	Ferdinand II.
1658	01. August	Leopold I.
1711	22. Dezember	Karl VI.
1742	12. Februar	Karl VII.
1745	04. Oktober	Franz I.
1764	03. April	Joseph II.
1790	09. Oktober	Leopold II.
1792	14. Juli	Franz II.

An die Stelle der königlichen Verwaltung war ein patrizisches Stadtregiment getreten, das sich aus Kaufleuten und Ministerialen zusammensetzte. Die Handwerker und ihre Zünfte blieben ausgeschlossen. Als der Rat auf das Zunftwesen Einfluss zu nehmen suchte, kam es 1355 zu einem Aufstand der Zünfte, die sich gewisse Rechte erstritten.

FREIE REICHSSTADT (BIS 1806)

Für die Entwicklung der Stadt war 1372 der Erwerb des Schultheißenamtes von besonderer Bedeutung, denn er war gleichbedeutend mit dem Rang einer Freien Reichsstadt. Um diesen Rang behaupten zu können, musste die Stadt in der Folgezeit zahlreiche Auseinandersetzungen und Fehden mit den adligen Herren der Umgebung ausfechten. Zur Bekämpfung des um sich greifenden Raubrittertums ging sie verschiedene Bündnisse ein. Der Städtekrieg allerdings, in den Frankfurt als Mitglied des Rheinischen Städtebundes hineingezogen wurde, endete 1389 in der Schlacht bei Kronberg mit einer empfindlichen Niederlage. 620 in Gefangenschaft geratene Frankfurter mussten für 73 000 Gulden ausgelöst werden. Eine finanzielle und wirtschaftliche Katastrophe. Glücklicherweise hielten sich Handel und Messegeschäfte auf hohem Niveau, und die Stadt entwickelte sich zu einem bedeutenden europäischen Handelszentrum.
Und auch eine kulturelle Blütezeit wurde Frankfurt seit Beginn des 15. Jahrhunderts beschert. Das galt für die städtische Architektur wie für die Leistungen vieler Handwerker, insbesondere der Goldschmiede, der Glockengießer oder auch der Geschützgießer.
Trotz dieses Erfolges, trotz der damit verbundenen hervorragenden Finanz- und Wirtschaftskraft nahmen innerhalb der Stadt soziale Spannungen zu: wegen steuerlicher Belastungen der unteren Schichten, wegen Münzverschlechterungen und Preissteigerungen, wegen der Pfründenwirtschaft des Klerus. Luthers Kritik am Erscheinungsbild der Kirche fand daher vor allem bei den Zünften Anklang, so dass es bereits 1522 zur ersten protestantischen Predigt kam, gehalten von dem früheren Barfüßermönch Hartmann Ibach.
Die Bauernkriege 1524–26 bewegten auch die Zünfte zu einem Aufstand. Mit den „Frankfurter Artikeln“ stellten sie einen weitreichenden Forderungskatalog auf und konnten dem Rat auch mancherlei Mitbestimmungsrechte abringen, doch mit der Niederlage der Bauern verloren die Zünfte den entscheidenden Rückhalt und alle zugebilligten Rechte.
Mit der Einführung der Reformation 1533 wurden zwar für mehr als ein Jahrzehnt alle öffentlichen katholischen Gottesdienste untersagt, aber andererseits konnte es sich die Stadt nicht ganz mit der katholischen Seite verderben, denn als Handels- und Messestadt war sie auf den Rückhalt durch das katholische Kaisertum angewiesen. Die wirtschaftlichen Interessen führten also zu einer sehr vorsichtigen Politik des Rats.

Der Kupferstich von Salomon Kleiner zeigt den Römerberg mit dem Römer rechts, dem Gerechtigkeitsbrunnen in der Mitte und der Nikolaikirche im Jahr 1738. Offensichtlich herrscht emsiges Markttreiben. Reiter, Pferde- und Ochsenfuhrwerke sowie Kutschen beleben zusätzlich zu den unterschiedlichen Tätigkeiten nachgehenden Menschen das Bild.

Nach der Niederlage im Schmalkaldischen Krieg verpflichtete Kaiser Karl V. die Stadt zu einer Bußzahlung von 80 000 Gulden. Sie hielt aber am lutherischen Glauben fest, was dazu führte, dass die katholische Minderheit von öffentlichen Ämtern ausgeschlossen blieb. Andererseits behielten die Katholiken die Bartholomäuskirche, also den Dom, und hier wurde 1562 erstmals ein deutscher Kaiser gewählt und gekrönt, nämlich Maximilian II.

Im 16. Jahrhundert, die Stadt zählte etwa 20 000 Einwohner, nahmen der Messehandel und die Finanzgeschäfte (Gründung der Börse 1585) einen ungewöhnlichen Aufschwung. Zahlreiche Verleger ließen nicht zuletzt den neuen Wirtschaftszweig der Buchdruckerkunst und des Buchhandels aufblühen. Die Frankfurter Buchmesse genoss höchstes Ansehen.

Dieses Ansehen wiederum bewirkte seit der Mitte des 16. Jahrhunderts eine besondere Anziehungskraft auf vorwiegend niederländische Glaubensflüchtlinge, mit denen neue Handels- und Gewerbebereiche in die Stadt kamen (Goldschmiede, Edelsteinschleiferei, Juwelenhandel, Seidenproduktion und -färberei). Als sie sich auch noch erfolgreich an Geldgeschäften beteiligten, wandten sich viele Frankfurter gegen die neuen Mitbürger, ihre freie Religionsausübung wurde eingeschränkt, und die Zünfte suchten die unliebsame Konkurrenz loszuwerden. Viele Reformierte zogen daraufhin weg. Ein Jahrhundert später erging es den hugenottischen Flüchtlingen aus Frankreich nicht anders.

Eine andere Glaubensgemeinschaft, die Juden, hatte noch weitaus schlimmere Verfolgungen und Einschrän-

Ansicht des Liebfrauenbergs im Winter. Die Wetterverhältnisse haben zahlreiche Menschen dazu veranlasst, mit ihren Schlitten eine Ausfahrt zu machen. Andere schauen dem Treiben interessiert zu. (Kolorierter Kupferstich von J. D. Heumann nach einer Zeichnung von Salomon Kleiner, 1738.)

kungen zu ertragen. Seit dem 12. Jahrhundert lebten sie in Frankfurt und mussten 1241 und 1349 schlimmste Nachstellungen erdulden, die sogar zur Vernichtung der Gemeinde führten. 1462 wurde den Juden, die sich inzwischen wieder in der Stadt niedergelassen hatten, ein Ghetto vor der östlichen Stadtmauer zugewiesen, die Judengasse, in der anfangs um die hundert Menschen lebten, deren Zahl jedoch bis 1619 auf 2 700 Einwohner anstieg, so dass man sich die beengten Wohn- und Lebensverhältnisse nicht schrecklich genug vorstellen kann. Und da die Juden vielfachen Beschränkungen unterworfen waren und oft nur durch Geldgeschäfte ihren Lebensunterhalt bestreiten konnten, wurden die Vorurteile gegen sie nur gesteigert, die schließlich 1614 zu einem neuen Pogrom führten.

Es gärte in der Stadt auch noch aus anderen Gründen. Die Bürger hatten mit ständig steigenden Lebenshaltungskosten, mit Steuererhöhungen und mit wachsender wirtschaftlicher Konkurrenz zu kämpfen und außerdem noch die Folgen der Vetternwirtschaft des Rats und seiner unsoliden Finanzpolitik auszubaden. Es kam 1612 zum Aufstand der Bürgerschaft, der von Vinzenz Fettmilch angeführt wurde und daher die Bezeichnung Fettmilch-Aufstand erhielt. Der „Bürgerausschuss" forderte u. a. ein Ende der selbstherrlichen Regierung des patrizischen Rates und wirtschaftliche wie soziale Reformen. Kaiserliche Vermittlung führte zu einem entsprechenden „Bürgervertrag", wonach 18 Mitglieder der Bürgerschaft in den Rat aufgenommen werden und die Finanzen durch den „Neuner-Ausschuss" kontrolliert werden sollten. – Doch damit gaben sich die radikalen Kräfte nicht zufrieden. Fettmilch und seine Anhänger stürmten 1614 nicht nur das Rathaus, um den Rat zu entmachten, sondern es kam auch zu dem bereits erwähnten Judenpogrom. Wieder griff der Kaiser ein. Er verhängte die Reichsacht über die Aufständischen, deren Anführer festgenommen und 1616 hingerichtet wurden. Die Juden durften zurückkehren, die Rechte des Rates wurden eingeschränkt und die Zünfte, die hinter der Rebellion gestanden hatten, aufgelöst. Innungen nahmen künftig die Interessen der Handwerker wahr.

Vom Dreißigjährigen Krieg blieb Frankfurt anfangs weitgehend unbehelligt, musste aber 1631 die Besetzung durch schwedische Truppen unter Gustav Adolf hinnehmen,

Dieser Kupferstich, ebenfalls ein Werk von J. D. Heumann und Salomon Kleiner, zeigt den Paradeplatz mit der Alten Hauptwache und der Katharinenkirche 1738. Waren werden transportiert, Soldaten exerzieren, Sägearbeiten und andere Tätigkeiten werden verrichtet.

trotz des 1628 begonnenen Baus moderner Festungsanlagen. Nach der Niederlage der Schweden kamen kaiserliche Truppen, die sich 1635 mit der schwedischen Garnison in Sachsenhausen ein Gefecht lieferten. Schlimmer als die direkten Kriegsfolgen wirkte sich eine Pestepidemie aus, die tausende Menschenleben forderte. Dennoch konnte sich Frankfurt noch glücklich schätzen, denn im Vergleich mit anderen Städten und Landschaften hatte es die Kriegsjahrzehnte noch halbwegs gut überstanden.

Im 18. Jahrhundert kam es zu erneuten Auseinandersetzungen um die städtische Verfassung, die sich über Jahrzehnte hinzogen und zu einem weiteren Machtverlust des Rates führten. Der schon erwähnte Neuner-Ausschuss wurde gestärkt, und es kam zur Einsetzung des Einundfünfziger-Ausschusses der Bürgerschaft, der die städtische Politik zu überwachen hatte.

Im 18. Jahrhundert veränderte sich aber auch das Gesicht der Stadt nachhaltig. Aus der Zeil wurde eine Prachtstraße mit renommierten Gasthöfen. Nördlich davon wurde das barocke Palais Thurn und Taxis errichtet, der Sitz des Reichsgeneralpostmeisters. Aber auch Katastrophen ereigneten sich: 1711 zerstörte ein Feuer die Judengasse; 1719 fielen in der nördlichen Altstadt rund 400 Häuser dem „Christenbrand" zum Opfer; und 1721 suchte erneut ein Feuer die Judengasse heim.

Eine besondere Art der Heimsuchung war 1759–63 die vierjährige Besetzung der Stadt durch französische Truppen während des Siebenjährigen Kriegs. Frankfurt profitierte davon wenigstens durch eine bessere Straßenbeleuchtung sowie durch die neue Nummerierung der Häuser.

Während des 18. Jahrhunderts wanderten verschiedene Messen ab, so die Buchhandelsmesse nach Leipzig. Frankfurt sperrte sich gegen jede Gründung von Manufakturen, verlor damit zwar den Anschluss an die wirtschaftlichen Fortschritte der Zeit, wurde aber in seiner Entwicklung kaum beeinträchtigt, da es im 18. und 19. Jahrhundert einen grandiosen Aufstieg zum Banken- und Börsenzentrum erlebte. Und es ist daran zu erinnern, dass in dieser Zeit Mayer Amschel Rothschild in der Judengasse geboren wurde, der legendäre Begründer des weltbekannten Bankhauses. Überdies konnte die Stadt mit dem Anschluss an das Eisenbahnnetz 1839 auch ihre Rolle als Verkehrsknotenpunkt weiter stärken.

JOHANN KASPAR RIESBECK –
Frankfurt um 1780

Frankfurt ist eine schöne und große Stadt. Prächtigere und bessere Gasthäuser als die hiesigen findet man in Deutschland nicht. Nebst Hamburg ist diese Stadt die einzige Reichsstadt, die sich in ihrem alten Glanz erhält. Im Gegenteil: während die ehemals so mächtigen Städte Nürnberg, Augsburg und andere immer mehr verfallen, nimmt Frankfurt immer mehr zu. Es verschönert sich auch äußerlich ungemein. Es wird sehr lebhaft gebaut, und die vielen neuen Häuser zeugen, daß die Einwohner ihren Reichtum mit Geschmack verwenden wollen. Überall sieht man Spuren eines hohen Wohlstandes. Die Möblierung der Häuser, die Gärten, die Equipagen, die Kleidungen, der Schmuck der Frauen, kurz alles übersteigt das Bürgerliche und grenzt nahe an die verschwenderischste Pracht

Die Lage sichert dieser Stadt einen ewigen Genuß der Vorteile, wodurch sie so reich geworden. Sie liegt mitten in dem besten Teil von Deutschland, dessen natürlicher Reichtum den Luxus begünstigt und der in so unendlich kleine Herrschaften zerstückelt ist, daß sie von Verboten fremder Waren und Prachtgesetzen nichts zu befürchten hat. …

Diese Stadt zählt ungefähr 30 000 Seelen, die Fremden, außer den Messen, ungerechnet. Man schätzt die Zahl der Fremden, welche die Messen gewöhnlicherweise hierherziehen, auf einige Tausend. Unter diesen waren in der Herbstmesse vorigen Jahres gegen fünfzig fürstliche Personen. Die fremden Standespersonen, welche die Bäder und Gesundbrunnen Deutschlands besuchen, nehmen gemeiniglich den Weg über Frankfurt, weil die Stadt die gangbarsten Hauptstraßen Deutschlands beherrscht, sie gute Gesellschaft finden und das Getümmel der Messen in einer so schön gelegenen Stadt, verbunden mit einer ganz uneingeschränkten Freiheit der Lebensart, ein reizendes Schauspiel ist. Der deutsche Adel wird durch zu machende Zahlungen und Käufe durch die Nachbarschaft vieler fürstlicher Höfe und viele andere Reize hierhergelockt.

Die Regierung der Stadt, die ehedem sehr finster war, hat nun eine gefälligere Miene angenommen und sucht den Fremden während der Messe ihren Aufenthalt so angenehm als möglich zu machen. Man hat Schauspiele, Konzerte, einen Vauxhall [Vergnügungspark], die schönsten Spazierplätze, öffentliche Tanzböden und Freudenmädchen im Überfluß. Die letzteren sind hier zudringlicher als in irgendeiner anderen Stadt Deutschlands. Kein Mannsbild kann hier in der Dämmerung auf einer öffentlichen Promenade spazieren, ohne von ihnen angefallen zu werden. Es sind auch verschiedene, zwar unprivilegierte, öffentliche Venustempel hier, und in einigen benachbarten Dörfern wimmelt es von Kreaturen dieser Art, wie denn das der Stadt gehörende Dorf Bornheim sich durch diesen Kommerz in ganz Deutschland berühmt gemacht hat…

Im ganzen sind die Einwohner dieser Stadt ein wenig steif im Umgang. Man findet aber doch Gesellschaften genug von der ersten Güte. Besonders gibt es unter den sogenannten Patriziern, die meistens von gutem Adel, aber nicht vorzüglich herrschend sind, sehr ausgebildete Leute. Frankfurt hat auch Deutschland von jeher und immer Gelehrte vom ersten Rang geliefert, und wirklich findet man hier in jedem Fach der Wissenschaften und Künste vortreffliche Männer. Nur das inquisitorische Ansehen der Geistlichkeit der hier herrschenden lutherischen Kirche steht der Freiheit des Geistes und der Verfeinerung des Publikums im Weg und schadet auch dem Handel und der Industrie ungemein, wie denn die Reformierten, die nach dem Verhältnis ihrer Anzahl ohne Vergleich der reichste Teil der Einwohner sind, aller ihrer Bemühungen ungeachtet die Duldung ihres öffentlichen Gottesdienstes in der Stadt noch nicht erhalten konnten, obschon die Katholiken, deren Religion von der hier herrschenden Kirche ungleich verschiedener ist als jene der Reformierten, die meisten Kirchen besitzen und die Juden eine öffentliche und sehr große Synagoge haben.

(Johann Kaspar Riesbeck, Briefe eines reisenden Franzosen über Deutschland an seinen Bruder zu Paris. Zürich 1783, Neudruck Stuttgart 1967, S. 259 ff. Riesbeck (1754 in Höchst am Main, † 1786 in Aarau) berichtet über seine Reisen durch Deutschland zwischen 1770 und 1780, veröffentlichte seine Briefe aber nicht unter seinem Namen, sondern gab sich als Übersetzer eines französischen Originals aus, wodurch auch der Titel verständlich wird.)*

Reges Treiben herrscht um 1810 am Mainufer, an dem etliche Schiffe ihre Ladung löschen bzw. neue Ladung aufnehmen. Im Hintergrund erscheinen zwischen den Masten die vom Dom beherrschte Silhouette der turmreichen Stadt, die alte Mainbrücke und der Sachsenhäuser Brückenturm. Diese Ansicht ist dem englischen Aquarell- und Miniaturmaler und Verleger Robert Bowyer zu verdanken.

In politischer Hinsicht erlebte Frankfurt im 18. Jahrhundert große Tage, nämlich bis 1792 sechs Kaiserwahlen und -krönungen. Inzwischen war in Paris mit dem Sturm auf die Bastille 1789 bereits die Französische Revolution ausgebrochen. Frankfurt suchte den ausbrechenden Wirren durch eine ausgesprochene Neutralitätspolitik zu entgehen, musste aber dennoch 1792 französische Truppen in seinen Mauern dulden, die von preußischen und hessischen Truppen noch im Dezember wieder aus der Stadt geworfen wurden. 1796 waren es abermals französische Truppen, die die Stadt beschossen, bei welcher Gelegenheit die Judengasse niederbrannte. Weitere französische Besetzungen folgten in den Jahren 1800 und 1806.

FÜRSTENSTADT (BIS 1815)

Mit dem Zusammenbruch des Heiligen Römischen Reiches Deutscher Nation 1806 endete auch die Geschichte der Freien Reichsstadt Frankfurt. Carl von Dalberg, Fürstprimas des Rheinbundes, machte die Stadt zu seiner Residenz und 1810 zur Hauptstadt des Großherzogtums Frankfurt, zu dem auch Aschaffenburg, Fulda, Hanau und Wetzlar gehörten. Es folgten Veränderungen im Rechts-, Schul- und Sozialwesen sowie in der Bauplanung. Die Juden konnten gegen eine Zahlung von 440.000 Gulden ihre bürgerliche Gleichstellung erkaufen und unterlagen auch nicht mehr dem Ghettozwang. Und schließlich wurden die Festungswerke niedergelegt. Das Gelände gestaltete man zu Grünanlagen und Promenaden um, deren Verlauf bis heute im Stadtbild nachvollziehbar oder auf Stadtplänen erkennbar geblieben ist. In den Jahren um 1800 ließ zudem Stadtbaumeister Georg Christian Hess östlich der alten Mainbrücke das morastige Flussufer aufschütten und befestigen sowie die großartige Terrasse der „Schönen Aussicht" anlegen. Es entstand im „Fischerfeld" ein neuer Stadtteil, der sich mit seiner klassizistischen Bebauung deutlich vom barocken und erst recht vom mittelalterlichen Frankfurt abgrenzte. Die Architekten schufen vornehm zurückhaltende Bauten mit ausgewogenen Proportionen.

FREIE STADT (BIS 1866)

Die Niederlage Napoleons 1813 in der Völkerschlacht bei Leipzig beendete auch das kurze Leben des Großherzogtums Frankfurt. Österreichische, preußische und russische Truppen erschienen in der Stadt. Bayern hätte sie gern seinem Gebiet einverleibt, aber auf Betreiben des Freiherrn vom und zum Stein erhielt Frankfurt durch den Wiener Kongress seine Unabhängigkeit zurück, wurde als Freie Stadt Mitglied des Deutschen Bundes und bis 1866 Sitz der Bundesversammlung dieses Deutschen Bundes, die im Palais Thurn und Taxis tagte.

Mit der neuen städtischen Verfassung, der „Constitutions-Ergänzungs-Akte“, wurde den christlichen Konfessionen die volle Gleichberechtigung zuerkannt; das Bürgerrecht besaß aber nur etwa die Hälfte der Bevölkerung, und auch die Juden mussten erneute Einschränkungen hinnehmen, trotz der 1824 erfolgten privatrechtlichen Gleichstellung als „israelitische Bürger“.

In den zurückliegenden Jahren war das Messegeschäft weitgehend zum Erliegen gekommen. Dem 1833 gegründeten Deutschen Zollverein wollte die Stadt erst gar nicht beitreten, entschied sich dann aber doch dafür, um nicht gänzlich ins wirtschaftliche und politische Abseits zu geraten. Als besonders zukunftsweisend wirkte sich nur wenig später der Anschluss an das rasch sich ausbreitende Eisenbahnnetz aus, der Frankfurt in wenigen Jahren zu einem bedeutenden Verkehrszentrum werden ließ.

In der Zeit der Restauration konnte der konservativ ausgerichtete Deutsche Bund unter Führung des in Koblenz geborenen österreichischen Staatskanzlers Fürst Metternich demokratische und liberale Kräfte, die gerade in Frankfurt immer stärkeren Zulauf erhielten, noch in Schach halten, aber nach der Julirevolution von 1830 in Frankreich spitzte sich die Lage in der Stadt zu, und zwar bereits 1830 durch den „Mautkrawall“ und 1832 durch den „Sperrbatzenkrawall“. Bis 1837 wurden in Frankfurt abends noch die schmiedeeisernen Stadttore geschlossen. Wer sich verspätete, hatte wie in früheren Zeiten den „Sperrbatzen“ zu entrichten. An den Tagen der herbstlichen Weinlese

Diese Ansicht dokumentiert, worauf die Frankfurter damals offenbar besonders stolz waren. Ansichtskarten gingen in alle Welt und waren daher beliebte und bedeutende Werbeträger. So erscheint denn der größte Sohn der Stadt Frankfurt, Johann Wolfgang von Goethe, neben dem Stadt- oder Lokaldichter Friedrich Stoltze, von dem auch die folgenden berühmten Verse von 1880 stammen:

Es is kää Stadt uff der weite Welt,
Die so merr wie mei Frankfort gefällt.
Und es will merr net in mei Kopp enei:
Wie kann nor e Mensch net von Frankfort sei!

Stoltze starb 1891, und wie seinen großen Kollegen ehrte die Stadt auch ihn mit einem Denkmal, das 1895 auf dem Hühnermarkt eingeweiht wurde. Auf der Karte sind ferner eine Mainpartie, das Opernhaus, der Römer und die Festhalle zu sehen. – (Poststempel 22.9.1927)

Die Karte zeigt die berühmte Rathauszeile, kurz Römer genannt, die aus fünf Anwesen bestand: dem Haus Laderam oder Alt Limpurg, dem Haus Römer, dem Haus Löwenstein, dem Haus Frauenstein sowie dem Salzhaus (von links), Poststempel 11.9.1905

war es üblich gewesen, die Tore länger offen zu halten und keine Gebühr zu verlangen. Als man sich 1832 nicht an diesen Brauch halten wollte, kam es zu Tumulten mit etlichen Verletzten, und nur mit Mühe war eine drohende Eskalation zu verhindern.

Als eine treibende Kraft solcher Ereignisse ist der 1786 in der Judengasse geborene Publizist Ludwig Börne anzusehen, der mit seinen Satiren eine der maßgebenden Gestalten des Jungen Deutschland war.

Das Hambacher Fest 1832 stärkte weiterhin die Opposition, die sich am 3. April 1833 zu einer Besetzung der Hauptwache hinreißen ließ, aus der sie von den Stadtsoldaten jedoch wieder vertrieben wurde. Um weiteren Aufruhr zu verhindern, hat man sogar Bundestruppen in die Stadt verlegt. Doch damit ließ sich liberales Gedankengut, ließen sich seine Anhänger nicht unterdrücken. Wenn sie auch, abgesehen von mancherlei Publikationen, kein öffentliches Podium besaßen, so verfolgten sie ihre Ziele doch sehr wirksam auf andere Weise: in Turnvereinen, in Gesangsvereinigungen, in privaten Zusammenkünften (Montagskränzchen) oder auch bei großen Veranstaltungen wie beispielsweise dem Mozartfest von 1838.

Es war die Zeit des Biedermeiers, eine kulturelle Blütezeit, während der sich die wohlhabenden Bürger vor allem mit dem eigenen Haus und seiner Ausstattung, mit der Wohnkultur und mit geselligen Veranstaltungen („Salons") befassten. In diesen Bereichen konnte der gebildete Bürger seinen privaten Interessen nachgehen, denn von der Teilnahme am öffentlichen Leben, erst recht von dessen Mitgestaltung war er weitgehend ausgeschlossen. So entfaltete sich eine überaus reiche bürgerliche Kultur. Davon profitierte aber auch wiederum die Stadt, denn reiche Bürger sahen sich zu großzügigen wissenschaftlichen und kulturellen Stiftungen veranlasst: Senckenbergische Naturforschende Gesellschaft, Physikalischer Verein, Kunstverein, Städelsches Kunstinstitut, Gesellschaft zur Beförderung nützlicher Künste und deren Hilfswissenschaften (Polytechnische Gesellschaft), Museumsgesellschaft, Cäcilienverein usw. Nicht zu vergessen ist die Gesellschaft für ältere deutsche Geschichtskunde (Monumenta Germaniae Historica – MGH), die schon 1819 der Freiherr vom und zum Stein ins Leben gerufen hatte.

Natürlich veränderte sich auch das Erscheinungsbild der Stadt, denn außerhalb der Altstadt, entlang der Ringanlagen oder am Mainufer, entstanden stattliche Wohnhäuser und Villen, zu denen Architekten wie Friedrich Rumpf oder Salins de Montfort die Pläne lieferten.
Liberale und nationale Bestrebungen verstärkten sich wieder in den vierziger Jahren des 19. Jahrhunderts. Die Einweihung des 1844 von Ludwig Schwanthaler geschaffenen Goethe-Denkmals gestaltete sich zu einem nationalen Bekenntnis. Auch die Ausmalung des Kaisersaals im Römer mit den 52 Kaiserbildnissen förderte das Nationalbewusstsein. Und wohl nicht zufällig fand in eben diesem Kaisersaal 1846 der erste Germanistentag statt. Außerdem versammelte sich seit dem Winter 1845/46 regelmäßig das Montagskränzchen, in dem sich die demokratischen Vereine der Stadt zusammengeschlossen hatten.
Während der deutschen Revolution 1848/49 erlebte die Stadt das kurze parlamentarische Zwischenspiel der Frankfurter Nationalversammlung in der Paulskirche, womit sich Ludwig Börnes Vorhersage, Frankfurt werde einmal „die deutsche Hauptstadt und der Sitz der deutschen Nationalversammlung“ werden, wenigstens kurzfristig erfüllte. Im März 1848 versammelte sich zunächst das Vorparlament, um die Wahlen zur Nationalversammlung vorzubereiten, die am 18. Mai 1848 als erstes demokratisches und frei gewähltes deutsches Parlament zusammentrat. Ihr Hauptthema war die Erstellung einer Verfassung für ganz Deutschland. Insbesondere waren die Grundrechte zu formulieren und die künftige Staatsform des erhofften deutschen Nationalstaats festzulegen. Man beriet über eine großdeutsche Lösung mit Österreich, über eine kleindeutsche Lösung ohne Österreich und sogar über eine mitteleuropäische Lösung. Bekanntlich einigte man sich auf die kleindeutsche Lösung, die aber auch scheiterte, weil der preußische König die ihm zugedachte Krone schlichtweg zurückwies.
In Frankfurt (und anderswo) kam es nach dem dänischen Krieg, den Preußen ohne Einbeziehung der Nationalversammlung führte und beendete, zu Unruhen und blutigen Kämpfen an rasch errichteten Barrikaden. Diese wurden schon bald niedergeschlagen, und es zeigte sich die Machtlosigkeit der Nationalversammlung. Sie verzog sich noch für kurze Zeit als „Rumpfparlament“ nach Stuttgart, löste sich dann aber vollends auf. Die vormalige Bundesversammlung nahm ihre Arbeit wieder auf. Ein bedeutendes Kapitel deutscher Demokratiegeschichte hatte damit ein höchst unrühmliches Ende gefunden, doch die Idee der Demokratie sollte sich schließlich durchsetzen.
In Frankfurt blieb das Streben nach der deutschen Einheit lebendig und trat bei besonderen Veranstaltungen hervor, bei der Schillerfeier 1859 etwa oder 1862 beim ersten deutschen Bundesschießen bzw. Schützenfest. – Im folgenden Jahr versuchte man auf dem Frankfurter Fürstentag noch einmal einen Weg zu einer durchgreifenden Reform des Deutschen Bundes zu finden. Vergeblich. Alle Bemühungen scheiterten am Boykott Preußens.

PREUSSISCHE STADT (BIS 1945)

Es kam 1866 zum deutschen Bruderkrieg zwischen Österreich und Preußen. Der Sieg der preußischen Truppen beendete endgültig alle Hoffnungen auf einen wirklichen deutschen Nationalstaat, und die im Grunde antipreußisch eingestellte Freie Stadt Frankfurt wurde von Preußen annektiert.
Unter der neuen Herrschaft erhielt Frankfurt 1857 eine neue Gemeindeverfassung mit Oberbürgermeister, Magistrat und Stadtverordnetenversammlung. Man wusste sich schließlich auch mit dem neuen Status einer Provinzialstadt abzufinden. Dazu trug vielleicht die Tatsache bei, dass der Friedensschluss nach dem Deutsch-Französischen Krieg 1871 im Hotel Schwan in Frankfurt unterzeichnet wurde und als „Friede von Frankfurt“ in die Geschichte einging.
Die Frankfurter verschmerzten aber nicht nur den Verlust ihrer Unabhängigkeit, sondern gingen mit umfangreichen Investitionen an die Gestaltung der Zukunft, um mit dem rasanten industriellen, wirtschaftlichen, wissenschaftlichen und kulturellen Aufschwung des neuen Deutschen Reiches Schritt halten zu können. Zu erwähnen sind vor allem weitreichende Verbesserungen der Infrastruktur durch den Bau von Schulen und Brücken, von Hafenanlagen und Wasserleitungen sowie eines neuen Schlachthofs. Des Weiteren sind Großbauten wie Oper, Börse und Hauptbahnhof zu nennen oder Projekte wie große Neubauviertel, Straßendurchbrüche, die Anlegung des Palmengartens und des Zoos. Alle diese und weitere Anstrengungen gipfelten gleichsam 1914 in der Eröffnung der Frankfurter Universität.
Durch etliche Eingemeindungen vergrößerte sich das Stadtgebiet beträchtlich. Dies schuf Raum für die Ansiedlung von Industrien, von Handel und Gewerbe und zum Wohnen. So wurden die Weichen für eine sehr erfolgreiche Zukunft der Stadt gestellt. Frankfurt entwickelte sich zu einer modernen Großstadt, zu einem Wirtschafts-, Handels- und Finanzzentrum von europäischem Rang.

HERMANN ADALBERT DANIEL – Frankfurt 1895

Durch die reizende üppige Gegend wälzt der Main seine gelben Wogen. An seinem Ufer ragen die braungrauen Türme der Leonhardskirche, und die dunkle gotische Gestalt des Domes taucht über das Häusermeer. In vierzehn Bogen überspannt die aus roten Sandsteinquadern gebaute Brücke den Main, und oberhalb derselben, imposant und malerisch, präsentiert sich die stattliche weißglänzende Häuserreihe der Schönen Aussicht. Die Brücke verbindet die auf dem linken Mainufer liegende Nebenstadt Sachsenhausen mit der auf dem rechten Ufer liegenden eigentlichen Stadt Frankfurt. Beide sind 1390 miteinander vereinigt. Der Fluß ist zwischen beiden Stadtteilen zuerst ziemlich von Osten nach Westen gerichtet: da wo Sachsenhausen anfängt, biegt er sich nach Südwesten und ist unterhalb desselben noch von der Brücke der Main-Neckarbahn überspannt. Die eigentliche Stadt, welche man in einer starken Stunde umwandert, bildet einen Halbkreis oder ein längliches Viereck. Zum Main öffnen sich das Obermainthor, Metzgerthor an der Brücke, Heilige Geistpforte, Fahrthor, Holzthor, St. Leonhardsthor, Untermainthor, nach Südwesten Gallen- und Taunusthor, nach Westnordwesten Bockenheimer Thor, nach Norden Eschenheimer und Friedberger, nach Osten das Allerheiligenthor. Alle ältern Thore kündigten als stattliche Turmbauten die altertümliche Reichsstadt an, jetzt sieht man fast überall Säulenthore im ionischen, korinthischen, toskanischen Stil: nur am Eschenheimer Thore ist der alte Turm stehen geblieben. Schon an den Thoren wird man es inne; das alte, unschöne, aber altertümliche Frankfurt, wie es uns aus Goethes Jugendgeschichte so lebendig vor die Augen tritt, das ist nicht mehr. 1804 ließ Dalberg die Festungswerke abtragen; an ihrer Stelle umziehen die schönsten Spaziergänge und neue Prachtstraßen die Stadt; die Lange Straße im Osten, die Neue Mainzerstraße im Westen, die Hohe Straße im Norden, die Schöne Straße am Main, von dem Punkte, wo der Fluß in die Stadt tritt bis zur Brücke. Diese breiten lichten Neustraßen wurden früher von der Diplomatie, auch von reichen Bankiers bewohnt. Dagegen haben in dem alten Stadtteile, der bis 1343 ganz Frankfurt ausmachte, zwischen der Zeil und dem Mainufer unterhalb der Brücke, die engen, krummen, finstern Gassen und Gäßchen den Charakter der alten Stadt vollkommen ausgeprägt erhalten. Den Übergang von diesem Mittelalter zu der modernen Zeit bildet die Stadtgegend, die sich unmittelbar an den alten Kern anlegt; die Hirschgräben, der Rossmarkt, die Zeil u.s.w., hier viele von Wohlhabenheit zeugende Häuser mit bauchigen Eisengittern vor dem Fenster der Erdgeschosse, altfränkisch und solid gebaut, die Wohnungen der Reichsstädter und Rentiers vom alten Schrot und Korn.

(Hermann Adalbert Daniel, Deutschland nach seinen physischen und politischen Verhältnissen, 6., vielfach verbesserte Aufl., neu bearbeitet v. B. Volz, 2. Band, Die politisch-statistischen Verhältnisse des Deutschen Reiches und der subgermanischen Länder, Leipzig 1895, S. 395 f.)

Der Erste Weltkrieg setzte weiteren vielversprechenden Plänen ein jähes Ende. Es waren nicht nur die unmittelbaren Kriegsfolgen wie Versorgungsprobleme, Rohstoffmangel, politische Auseinandersetzungen usw. zu bewältigen, die Nachkriegszeit brachte auch einen Arbeiterrat hervor, der die politischen Geschicke zu bestimmen suchte, und anschließend, nach der ersten Kommunalwahl 1919 in der neuen Weimarer Republik, eine Koalition aus Sozialdemokraten, Zentrumsanhängern und Linksliberalen, die bei sinkenden Steuereinnahmen mit ständig wachsenden Sozialausgaben zu kämpfen hatte und die unter der französischen Besetzung der westlichen Stadtteile litt. Nicht zu vergessen sind die Auswirkungen der Inflation 1923. Allen Widrigkeiten zum Trotz gelang es aber, beispielsweise mit der „Römerstadt“, einem großen Siedlungsprojekt, neuen Wohnraum zu schaffen, und auch das internationale Frankfurter Messegeschäft konnte wieder angekurbelt werden. Als weitere große Unternehmungen sind der Ausbau der chemischen Industrie und des Luftverkehrs zu nennen.

Natürlich fanden die „Goldenen Zwanziger“ auch in Frankfurt statt und bescherten ein Jahrzehnt besonderer kultureller Blüte. Expressionistische Dramatiker bestimmten weitgehend das Programm der Bühnen; der Komponist Paul Hindemith arbeitete als Konzertmeister an der Oper; der Dichter Fritz von Unruh lebte und schrieb im Rententurm; der Maler Max Beckmann wirkte an der Städelschule. Das neue Waldstadion erlebte 1925 zur Eröffnung die „Internationale Arbeiter-Olympiade“. Zwei Jahre später stiftete die Stadt den Goethepreis, und 1932 wurde das Goethehaus als Museum der Öffentlichkeit zugänglich gemacht.

RUDOLF G. BINDING – „Lob Frankfurts“ 1924

Hingelagert in den breiten Thron deiner Ebene, die feine Linie eines Gebirges nicht zu nahe hinter dich gezogen, den Fluß, der dir zugehört, dicht an deiner Seite – so steht dein Bild, schöne Stadt Frankfurt, in der Seele derer, die dich lieben. Wie zur Schau hast du dich hingebreitet, und kaum eine andere Stadt gleicher Größe empfängt den sich über die Brücken des Stromes Nahenden mit gleicher Gunst. Mühelos, vom Fluß hinan, hinab geleitet, umfaßt der Blick dein Ganzes, dein Bestes, dein Schönstes: die Anmut, die ewige Jugend deines Gesichtes. … Nirgends drängt sich Gewalt und Beleidigung bis in dein Herz. Wo sie sich breit macht, siegst du durch Feinheit, durch Grazie, durch Reize des Alters, und mit dem jungen Neuen bist du niemals im Streit.

Dieses erfühlend, versinkt der Beschauer in dein Bild. Die Frühlinge hüllen es in einen zarten silbrigen Glanz wie von Perlen. Wo ist sie noch anders zu schauen, diese helle schmeichelnde Luft über Stadt und Fluß, die deine Maler immer von neuem begeistert und die Seele so wohlig erfüllt? Eine südliche Magie des Lichtes, nirgends sonst zu finden in deutschen Städten, zu zart fast für feste Konturen, zu fein für wuchtige Farben, ein wenig weiblich, ist über dich hingebreitet; ein Gemisch atmosphärischer Ingredienzien: ein Gran Brüssel, ein Deut Paris, ein Stäubchen Florenz über dich hingehaucht. …

Dein Herz, o Stadt, liegt nicht da wo Markt und Treiben, Menschen und Waren in dem großen Geäder breiter Straßen hin und wider strömen, wo dein Handel blüht, dein Verkehr über die Welt hin geht, dein Reichtum mächtig ist, die Hunderttausende deiner Bürger wohnen – dort ist dein Herz nicht, dort bist du fremder, lächelst nicht, dort trägst du wohl auch Züge ohne das Gepräge deines Wesens, und es ist, als ob es dich manchmal nichts anginge.

Längs des Maines aber bist du die Stadt, die sich fühlt, nicht die königliche, nicht die prunkende, nicht die finstere alte und steinerne, nicht die trotzige, nicht die engherzige, verschlossene, nicht die geschäftige, wie es andere sind und zu sein lieben, sondern die wahrhaft f r e i e S t a d t nach Angesicht und Wesen.

Du schwingst die lange Reihe deiner Bürgerhäuser den Strom hinauf, weiß und hell, ein ununterbrochenes Band. Gleicher Sinn, gleiche Bedürfnisse, gleicher Wohlstand, Eintracht und Zusammengehörigkeit haben sie erbaut. Dort auf der Höhe des Ufers wohnten, beständig und bestimmend, in der ruhigen Geschlossenheit einer einzigen Linie, die sich dem sanften Bogen des Flusses ergab, Frankfurts beste Bürger. Die „Schöne Aussicht“ haben sie ihre Straße benannt. Dann stromab, nahe und tiefer, auf dem vom Römerberg den Fluß suchenden Ufer, die rötlichen Sandsteine mittelalterlicher Bauwerke; längst verschwundene Wassertore, fast noch zu fühlen; Rümpfe einfacher Kirchen, zu gebrechlich schon, um Gott zu dienen, in die Längslinie der Uferstraße eingebaut; danach, in lässiger Hingabe, nicht so dicht und gefestigt wie jenes Band stromauf, der andere Arm der Häuser, den die Stadt um den Fluß legt. …

Dies ist, Frankfurt, die liebliche Stirn, die du bietest. Doch wer, noch von ihrem Anblick gebannt, die Stelle deines Herzens sucht, gewahrt und errät um den Römer herum hohe und steile Schieferdächer; der junge Turm des Rathauses gewinnt seinen Platz und besiegt das ältere, hilflose rote Kuppelgebäude der Paulskirche unter ihrem plumpen goldenen Kreuz; und dann ein wenig stromauf, unberührt und unbetastet von Dächern oder Türmen, sie in gebührendem Abstand haltend, leicht, vertrauend, köstlich, überragend, das Wahrzeichen einer heiteren Frömmigkeit, dein Dom. – Es ist, also ob die Lieblichkeit gegen den Himmel immer Recht behielte. Unten in seinem Ernste ruhend, von vielfältiger Ehrwürdigkeit umatmet, steigt er gleichsam zu seiner eigenen Heiterkeit auf und krönt sich hoch oben im Lichte mit nichts als einer unbesorgten Anmut.

Der Bau ist dein glückliches Ebenbild, du freie Stadt. Tief in deinen Gründen liegt Ehrwürdiges und Ernstes; immer aber schon Freies und Festliches, von je bis zum heutigen Tage. Nie von einem Fürsten der Kirche, nie von beherrschenden Adelsgeschlechtern abhängig, wurdest du Hauptstadt des Reiches ohne die Last eines Thrones in deinen Mauern, Wahlstadt von Kaisern, Krönungsstadt …

Auf diese Stätte [den Römerberg] blickt der Dom zwischen Häusern hindurch mit überhängenden Stockwerken. Die vornehmen tragen, als Wahrzeichen ihrer Art und ihrer Bauzeit, das gedrungene, schiefergedeckte Ausblicktürmchen, das Belvederchen, wie der Frankfurter diesen Stolz nennt. Auf den Firsten reitend, halten sie Ausschau, und es kümmert sie nicht, höhere Dächer neben sich und um sich zu sehen, die

Von der linken Mainseite aus sieht man den Eisernen Steg, den Saalhof und den die Stadt überragenden Dom. Am diesseitigen Ufer, gleich neben dem Aufgang zur Brücke befindet sich eine der Frankfurter Flussbadeanstalten, und zwar eine Herren-Schwimm-Anstalt, die auch zum Luft- und Sonnenbaden einlud. (Poststempel 11.10.1935)

sie zwischen sich in eine Tiefe einbetten und die Aussicht versperren, die ihr Sinn war: wenn sie nur droben thronen.
Er blickt in entzückende Höfe, die die Fronten niemals verraten; südliche Loggien, Pergolen, offene Umläufe, mit Blumen dicht bestellt, enthüllen sich dort in sonnigem Behagen.; ein vernehmlicher Hauch des Südens, eine Lust am Leben, am Schmuck, an Sonne im Innern verkünden und behaupten sich.
Er blickt auf zierliche, geschnitzte Ladenerker und offene Auslagen in der Tiefe, die die schmalen Gassen entlang locken. Kleine, unregelmäßige Plätze, zu denen die Gässchen schlüpfen, versammeln bunt bemalte Häuser um goldverzierte Brunnensäulen, handwerklich derb dort in die Mitte gestellt zu Schmuck und Dienst.
Er blickt auf die Stätte der fruchtlosen Mühen, wo die freiesten deutschen Geister, vom reinsten Willen getragen, deutsche Einigkeit suchten, deutsches Verfassungswerk schmiedeten: die Paulskirche.
Er blickt dir recht eigentlich ins Herz, du Stadt, wo deine Märkte und Messen, bürgerlichem Sinn entsprungen, begannen; wo Obrigkeit und Rat noch jetzt ihres Amtes walten; von wo alles ausging, was jetzt deinen Reichtum, deinen Stolz ausmacht.
Wo dann, aus dem Innern entlassen, die Adern der Straßen sich strecken und weiten, eilten sie, je weiter je mehr, neueren, unsichereren Zeiten entgegen. Aber es stellt sich Stil ruhig neben Stil, Form neben Form, Empfinden neben Empfinden, ohne einander zu entstellen. Nur das Nachgeahmte ist verderblich und beleidigend für das Echte, das jenes Unechte neben sich dulden soll. Die langen, geschlossenen Reihen von Häusern sachlicher Vornehmheit, gediegenen Reichtums, die früher die Hauptadern des jetzigen Verkehrs kennzeichneten, sind unterbrochen von Allerleistilimitationen, unter denen alle aufblühenden Städte in den Jahrzehnten vor der Jahrhundertwende und noch über diese hinaus zu leiden hatten. Wo aber in westlichen und östlichen Stra-

ßen nahe dem grünen Gürtel der Anlagen dem Auge sich jene ruhigen, einfachen, symmetrischen Häuser mit nahezu flachen Dächern zeigen, die über erhöhtem Erdgeschoß nicht mehr als ein Hauptgeschoß und einen Kniestock aufweisen und durch nichts weiter zu wirken scheinen als durch die einfachsten Verhältnisse von Flächen und Räumen, da sind deinem schönen Angesicht neue Schönheiten hinzugefügt.

(Rudolf G. Binding, Lob Frankfurts. In: Das schöne Gesicht von Frankfurt am Main, Frankfurt am Main 1924, zitiert nach der 2. Aufl. 1929, S. 3 ff.)

In dieser Zeit machten sich bereits nachhaltig die Folgen der Weltwirtschaftskrise von 1929 bemerkbar. Die städtischen Finanzen standen vor dem Zusammenbruch und, weit schlimmer, die Arbeitslosigkeit stieg rapide an. Zu Beginn des Jahres 1933 waren 70 000 Menschen arbeitslos gemeldet. Rechnet man Kurzarbeiter und nicht registrierte Arbeitslose hinzu, dann wird klar, dass die Stadt vor nahezu unlösbaren wirtschaftlichen Problemen stand. Und diese mehr als angespannte Situation spielte dann auch noch den Nationalsozialisten in die Hände.

Sie übernahmen 1933 die Führung und lösten auf dem Weg zur totalen Macht sofort Magistrat und Stadtverordnetenversammlung auf; Schlüsselpositionen wurden mit Parteifreunden besetzt, Parteien und unabhängige Gewerkschaften wurden verboten, politisch unzuverlässige Personen aus ihren Ämtern entfernt. Man rief zum Judenboykott auf und verbrannte auf dem Römerberg die Werke missliebiger Schriftsteller. Aus dem Städel wurden sogenannte „entartete“ Werke, vor allem der Expressionisten, entfernt und ins Ausland verscherbelt.

Hitler erntete – wie in vielen anderen Fällen – die Früchte der Arbeit, die bereits in der Weimarer Zeit geleistet worden war, als er 1935 den Autobahn-Teilabschnitt Frankfurt – Darmstadt persönlich freigab. Die örtlichen Parteigrößen bemühten sich um eine weitere Aufwertung der Stadt und konnten im gleichen Jahr Frankfurt voller Stolz zur „Stadt des Deutschen Handwerks“ erklären.

In den folgenden Jahren verstärkte sich massiv der Druck auf die jüdischen Mitbürger, die zu Beginn der NS-Zeit mit 26 000 Menschen die zweitgrößte Gemeinde in Deutschland bildeten. Der Terror gipfelte zunächst in der Pogromnacht 1938, als SA-Trupps jüdische Geschäfte zerstörten und plünderten, Wohnungen demolierten, die Menschen brutal drangsalierten und die Synagogen niederbrannten. Viele Juden emigrierten, die anderen ereilte 1941 das unmenschliche Schicksal der Deportation in die Vernichtungslager. In der Stadt entgingen nur etwa 260 Juden diesem Los.

Im Zweiten Weltkrieg fielen schon 1940 die ersten Bomben auf die Stadt, besonders folgenreich waren aber erst die späteren Großangriffe. Am 4. Oktober 1943 wurde das Gebiet zwischen Römer und Liebfrauenberg schwer getroffen. Angriffe am 20. Dezember 1943 und am 29. Januar 1944 richteten nur verhältnismäßig geringen Schaden an. 846 britische Flugzeuge warfen am 18. März 1944 ihre Bombenfracht über der Stadt ab und vernichteten in der östlichen Altstadt den Bereich um die Fahrgasse. Die Paulskirche brannte aus. Aber erst der Großangriff von 816 britischen Flugzeugen am 22. März 1944 hatte die völlige Vernichtung der historischen Altstadt zur Folge. In nicht einmal einer Stunde fielen 500 Luftminen, 3 000 große Sprengbomben und 1,2 Millionen Brandbomben auf die Innenstadt. Und am 24. März flogen 262 amerikanische Flugzeuge einen erneuten Angriff. Fast 2 000 Menschen kamen allein im März 1944 durch die Luftangriffe ums Leben. Am Ende des Krieges war die Einwohnerzahl um mehr als die Hälfte zurückgegangen, und auch mehr als die Hälfte des Wohnungsbestandes war zerstört oder schwer beschädigt, ebenso öffentliche Gebäude, Industrieanlagen, Verkehrs- und Versorgungswege usw. Die Lage schien hoffnungslos zu sein.

FRANKFURT NACH DEM ZWEITEN WELTKRIEG

Aber mit der ersten Kommunalwahl nach dem Krieg (1946) fiel gleichsam der Startschuss zu einem grandiosen Neubeginn und zu einem großzügigen Wiederaufbau. Das vormals preußische Frankfurt kam nun zum neuen Bundesland Hessen, wurde aber trotz vielerlei Bemühungen weder Landeshauptstadt noch 1949 Bundeshauptstadt.

Aber in Frankfurt war ab 1947 der Wirtschafts- und Exekutivrat der Bi- und ab 1948 auch der Trizone ansässig, also der westlichen Besatzungszonen. Und von Frankfurt aus organisierte 1948 die Bank Deutscher Länder auch die Währungsreform für die Trizone und baldige Bundesrepublik. Die „Frankfurter Dokumente“, die 1948 die Ministerpräsidenten der westlichen Zonen erhielten, führten zur Einberufung des Parlamentarischen Rats, der über die Gestaltung des künftigen West-Deutschland zu beraten hatte.

Zunächst standen allerdings die Frankfurter vor sehr viel drängenderen Problemen, denn es galt, den Alltag zu meistern: Die Menschen mussten versorgt und untergebracht werden, für die zurückkehrenden Einwohner wie für Flüchtlinge war Wohnraum zu beschaffen, riesige Trümmerberge waren wegzuräumen, Pläne für den Wiederaufbau waren zu beraten und zu fassen, die Infrastruktur musste wieder in Gang gebracht werden, Verkehrsmittel waren bereitzustellen, und das Straßennetz war für künftige Belastungen auszubauen, Gelder mussten bereitgestellt werden usw.

Bei den Wiederaufbauplanungen entschied man sich in den fünfziger Jahren, besonders bedeutende historische Bauwerke wie die Paulskirche, das Goethehaus oder den Römer möglichst originalgetreu wiederaufzubauen, um wenigstens ein Stück des alten Frankfurt zu bewahren.

Da Frankfurt bei der Entscheidung über die Bundeshauptstadt Bonn unterlegen war, suchte man zum Ausgleich die Stadt wieder zu einem führenden Handels-, Wirtschafts-, Finanz- und Verkehrszentrum zu machen. Die zahlreichen Fachmessen, darunter vor allem die Buchmesse, begründeten erneut den internationalen Ruf Frankfurts als herausragende Messestadt. Der Aufstieg zum internationalen Bankenzentrum bescherte die nicht unbedingt schöne, aber doch beeindruckende Skyline von „Mainhattan". Außerdem wurden der Flughafen, die chemische Industrie, elektrotechnische Werke, der Maschinenbau und natürlich das Dienstleistungsgewerbe zu wesentlichen Stützen der Frankfurter Wirtschaft.

Die naheliegende Konzentration auf wirtschaftliche Fördermaßnahmen wirkte sich auf andere Bereiche weniger vorteilhaft aus. Das zeigte sich vor allem in Fragen des Städtebaus, und so führten Entwicklungen wie die Verdrängung der Wohnbevölkerung aus ihren angestammten Vierteln (Beispiel Westend), die mehr oder weniger rücksichtslose Errichtung großer Verwaltungsbauten und die damit verbundene üble Abrisspraxis sowie Grundstücksspekulation zu wachsendem Widerstand in der Bevölkerung und zu Hausbesetzungen vor allem durch Studenten.

In den letzten Jahrzehnten des 20. Jahrhunderts trat besonders die Kulturpolitik in den Vordergrund, die den Ruf Frankfurts zu verbessern suchte, nicht zuletzt durch den Bau zahlreicher Kultur- und Freizeiteinrichtungen. Hervorzuheben sind der Wiederaufbau der Alten Oper, die Einrichtung von Sportanlagen und Badestätten, vor allem aber die Neugestaltung des Römerbergs, dessen Bebauung sich an den historischen Vorbildern zu orientieren suchte, und die Anlage des Museumsufers seit 1984.

Frankfurt sucht als „Stadt am Fluss" nach einer zeitgemäßen und zukunftsorientierten Identität. Unter dem Stichwort „Urbanität" geht es darum, den Menschen die Möglichkeit zu bieten, bei hoher Mobilität Wohnen und Arbeiten, Erholen und Erleben möglichst problemlos miteinander verbinden zu können.

STÄDTEBAULICHE ENTWICKLUNG

Selbst auf einem heutigen Stadtplan lässt sich noch ablesen, was schon für die alte Stadt innerhalb der im 12. Jahrhundert errichteten staufischen Stadtmauer galt, dass sie von einem auffallenden System von Gassen durchzogen war, die vor allem parallel zum Main verliefen. Enger und unregelmäßiger zeigte sich der Gassenverlauf in der Oberstadt zwischen Domberg und Römerberg, während das Erscheinungsbild der Unterstadt westlich des Römerbergs durch ansehnliche Patrizierhöfe mit entsprechend großen Grundstücken und durch breitere Gassen bestimmt wurde.

Die Stadterweiterung von 1333, die mit ihrer Ummauerung eine sehr viel größere Fläche erschloss, die auch erst sehr viel später in die planmäßige Bebauung einbezogen wurde, führte zur Anlage von Nutz- und Ziergärten, in denen kleine Gartenhäuser standen. Die einstigen Viehmärkte vor der staufischen Mauer wurden jetzt umgewandelt in größere Straßenzüge (Zeil, Rossmarkt), die verkehrsmäßig erheblich leistungsfähiger waren als die Altstadtgassen.

Zu einer wesentlichen Veränderung des Stadtbildes führten die ab 1627 angelegten modernen Befestigungen mit Wällen und Bastionen.

Aus alten Karten und Plänen wird ersichtlich, dass sich das Erscheinungsbild Frankfurts bis weit ins 18. Jahrhundert hinein nur unwesentlich wandelte. Auch nach Brandkatastrophen wie 1711 und 1719 orientierte man sich beim Wiederaufbau an den alten Strukturen und Proportionen. Dies ist sicher durchaus positiv zu werten, wenn man daran denkt, wie sich die Stadtplaner nach dem Zweiten Weltkrieg nur allzu oft bedenkenlos über gewachsene Strukturen hinweggesetzt haben. Für Frankfurt ist auch daran zu erinnern, dass es eine Bürgerstadt war und dass Bürger auch in Sachen Architektur zurückhaltender, konservativer handeln als andere Kreise. Hätte es einen Fürsten als Stadtregenten gegeben, wäre die Entwicklung wahrscheinlich anders verlaufen, da die gekrönten Häupter größten Wert darauf legten, nach dem Vorbild Ludwigs XIV. von Frankreich repräsentative Residenzstädte aus dem Boden zu stampfen. Gerade in Deutschland finden sich dafür zahlreiche Beispiele.

Erst nach der Vollendung des Mainkais 1788 kam es bis etwa 1840 östlich der Fahrgasse zur neuen, planmäßigen Bebauung des Fischerfeldes. Nach der Niederlegung der Festungsanlagen setzte zudem ab 1810 auch die Bebauung entlang der neuen Anlagen ein. Die Umgestaltung der Vorstädte schloss sich an: Westend ab 1818, Nordend ab 1828, Ostend ab 1848, Sachsenhausen ab 1868, das Bahnhofsviertel ab 1888. Hier haben sich von den aufwendigen Wohn- und Geschäftsbauten des Historismus mit seiner Stilvielfalt zwar nur wenige erhalten, doch vermögen sie noch immer eine Vorstellung vom Geist jener Zeit zu vermitteln.
In diesen Jahren und Jahrzehnten um 1900 wurden die Viertel rund um die innere Stadt weiter ausgebaut, anfangs noch ohne einen umfassenden Bebauungsplan. Die Bauordnung von 1884 führte dann aber zu einer planmäßigen Gestaltung mit fünfstöckigen Häusern. Die folgenden Bauordnungen von 1891 und 1897 legten erstmals in Deutschland feste Richtlinien für Wohn-, Fabrik- und Mischbebauung fest.
Nach rund zwanzigjährigen Anstrengungen konnte bis 1912 die Anlage der großen Ringstraße (Alleenring oder Cityring) um die innere Stadt vollendet werden: Untermainanlage, Gallusanlage, Taunusanlage, Bockenheimer Anlage, Eschenheimer Anlage, Friedberger Anlage, Obermainanlage.
Bis zur Reichsgründung 1871 herrschten in fast allen Stadterweiterungsbereichen spätklassizistische Bauten vor. Villen wie Mietshäuser präsentierten sich als verhältnismäßig schlichte Putzbauten mit meist einheitlichem, hellem Farbanstrich. Sie wurden abgelöst von sehr viel aufwendigeren, manchmal protzigen Werken des Historismus mit auffallender Material- und Stilvielfalt und sehr viel bewegteren Formen mit vielfältigen Schmuckelementen (Neugotik, Neurenaissance, Neubarock).
Zu einer nachhaltigen Veränderung des Erscheinungsbildes des alten Frankfurt führte 1893–1906 der große Straßendurchbruch Bethmannstraße-Braubachstraße, dessen Neugestaltung nach den Vorstellungen des Heimatschutzes erfolgte.
Eine weitere umfassende Neuordnung erfolgte in der Weimarer Zeit ab 1925 nach Plänen Ernst Mays unter der Bezeichnung „Das Neue Frankfurt". Besonders hervorzuheben sind die Siedlungs- und Grünplanungsprojekte, mit denen die Stadt umgeben wurde und die in hohem Maße attraktiven Wohnraum schufen. Gleichzeitig entstanden natürlich auch öffentliche Bauten wie Schulen, Altersheime, Kraftwerke, Klinik, Großmarkthalle usw.
Nach den verheerenden Zerstörungen des Zweiten Weltkriegs stand man in Frankfurt vor der schier unlösbaren Aufgabe, die Stadt angemessen wiederaufzubauen. Aber was konnte angemessen sein? Die Altstadt war vernichtet, weitere Stadtteile waren schwer getroffen. Sollte man retten, was zu retten war und sich weitgehend an den historisch gewachsenen Strukturen orientieren? Sollte man die Zerstörungen hinnehmen und nur an die Gestaltung einer neuen Stadt denken, die allen Erwartungen einer neuen Zeit gerecht werden könnte? Sollte man also seine Wurzeln, womöglich seine Identität aufgeben und voll auf die Zukunft setzen?
Wie in vielen anderen Städten setzte man auch im Frankfurt der Nachkriegszeit auf die Schaffung einer möglichst autogerechten Stadt mit breiten Straßen. Als Hauptdurchgangsstraße oder Ost-West-Achse baute man die Berliner Straße entsprechend aus. Bei den Planungen konnte man recht frei verfahren, da der Krieg kaum noch Häuser verschont hatte, die abzureißen gewesen wären.
Man entschloss sich grundsätzlich, das alte, enge Straßensystem aufzugeben, um moderne Wohnungen bauen zu können. Hätte man sich anders entschieden, wären vielleicht nur seelenlose Kulissen entstanden, denn die bürgerlichen Schichten, die einmal das alte Frankfurt belebt hatten, existierten nicht mehr.
Auch in der völlig zerstörten Altstadt kam es zu einer neuen Aufteilung der Parzellen und zu neuen Straßenführungen. Moderne Bauten entstanden. Zum Glück, wie man heute wohl feststellen muss, blieb der Bereich zwischen Dom und Römer von diesen Maßnahmen weitgehend verschont, so dass sich in den achtziger Jahren des 20. Jahrhunderts, als in Sachen Stadtplanung und -gestaltung längst ein Umdenken eingesetzt hatte, insbesondere auf dem Römerberg mit einer teilweisen Rekonstruktion oder Anlehnung an die historischen Vorbilder die Möglichkeit ergab, einen kleinen Teil des alten Frankfurt wiedererstehen zu lassen. Nur wenige Jahre zuvor hatten sich an dieser städtebaulich besonders empfindlichen Stelle die Bauten des Technischen Rathauses und des Historischen Museums rücksichtslos über die historische Gestaltung und die alten Proportionen dieses Bereiches hinweggesetzt.
Frankfurt hatte im Bombenkrieg seine historische Altstadt, sein prägendes, Identität stiftendes Zentrum verloren. Und es war nicht gelungen, durch die Wiederaufbaupläne einen adäquaten Ersatz zu schaffen. Man könnte auch sagen, Frankfurt hatte sein vertrautes Gesicht verloren, so dass es erforderlich wurde, ein neues, bestimmendes Erscheinungsbild zu schaffen. Dieses neue Erscheinungsbild ist seit vielen Jahren buchstäblich unübersehbar geworden, denn Frankfurt ist mittlerweile zu einer Hochhausstadt geworden.

An weiteren Großprojekten der letzten Jahrzehnte sind die Errichtung der Bürostadt Niederrad anzuführen, die Trabantenstadt (Schlafstadt) Nordweststadt sowie die Aufwertung der Mainufer durch hochwertige Wohnbebauung und vor allem durch das Unternehmen Museumsufer mit dem Museum für Kunsthandwerk, dem Museum für Völkerkunde, dem Filmmuseum, dem Architekturmuseum, dem Deutschen Postmuseum und dem Städelschen Kunstinstitut.

Schließlich ist auf die gegenwärtigen Planungen einzugehen, die vorsehen, Frankfurt mehr als sechs Jahrzehnte nach Kriegsende wenigstens einen Teil seines historischen Zentrums wiederzugeben, wenigstens einen Hauch von Altstadtflair zu erreichen. Dabei geht es um die historisch möglichst getreue Rekonstruktion von 36 Häusern. Um dieses Vorhaben verwirklichen zu können, hat man sich entschlossen, das Technische Rathaus abzureißen, diesen Betonklotz, den manche Stimmen zwar als bedeutendes Baudenkmal seiner Zeit und ihrer gesellschaftlichen Strukturen bezeichnen, der auch mit Architekturpreisen ausgezeichnet worden ist, der aber an seinem Standort als Schandfleck anzusehen ist.

Es ist zu hoffen, dass die vorgesehenen Rekonstruktionen verwirklicht werden – trotz der höchst kontrovers geführten Diskussion. Die eine Partei fürchtet, es werde nur ein museales Projekt umgesetzt, man errichte lediglich Kulissen, baue allenfalls eine Puppenstube auf. Andere wollen einen Ort der Erinnerung schaffen, an dem einzelne Häuser rekonstruiert werden könnten, um zu veranschaulichen, wie das alte Frankfurt ausgesehen hat. Gleichzeitig sollte aber auch die moderne Wohnkultur präsent sein. Wieder andere stehen dem geplanten Wiederaufbau ablehnend gegenüber, weil sich die einstigen Gesellschaftsstrukturen nicht auch erneuern ließen. Es gibt sogar Stimmen, die den Standpunkt vertreten, die Rekonstruktionen löschten als Kopien geradezu Erinnerung. Man müsse eine moderne, leistungsfähige Altstadt bauen, die eine neue Identität vermitteln sollte. Der geplante Mittelweg sei einfach schlecht. Dieser Ansicht könnte man einen Ausspruch des Konfuzius von vor zweieinhalbtausend Jahren entgegenhalten: „Erzähle mir die Vergangenheit, und ich werde die Zukunft erkennen!"

Es bleibt mehr als fraglich, ob kühle und vielfach hässliche Betonklötze, ob mit Glas oder Metall verkleidete Stahlgerippe ein Gefühl des Wohlbefindens vermitteln können, ganz zu schweigen von den krank machenden Schlaf- und Trabantenstädten mit Bettenburgen und Betonwüsten, ganz zu schweigen auch von den gleichförmigen und gleichmachenden 08/15-Bauten in Siedlungen und vielen Stadtteilen. Der Mensch braucht Verwurzelung, braucht Geborgenheit, er braucht ein Zuhause, in dem er sich wirklich heimisch fühlt. Es ist kaum verwunderlich, dass so viele Innenstädte ausbluten, dass es erschreckende Wohnungsleerstände gibt, dass die Menschen wegziehen, weil sie sich inmitten von Großbauten aller möglichen Banken, Versicherungen, Firmen, Institutionen nicht wohl fühlen. Ein Fachwerkhaus beispielsweise strahlt mehr Atmosphäre aus als einige lieblos zusammengegossene Betonwände oder als Fertigteilbauten, um nicht gleich von Plattenbauten zu sprechen. Wenn sich also auch in Frankfurt die Frage stellt: Beton oder Fachwerk, dann ist letzterem unbedingt der Vorzug zu geben.

Es wird gewiss schwierig sein, eine zukunftsträchtige Balance zwischen einem Ort der Erinnerung und einem Ort der Gegenwart zu finden. Das Beispiel anderer Städte zeigt jedoch, dass sich rekonstruierte Bauten und Plätze sehr wohl mit Leben erfüllen lassen, dass sie gesuchte Wohnungen mit langen Wartelisten aufweisen. (Man denke nur an den Wiederaufbau des historischen Zentrums in Hildesheim!)

Man kann auch nicht immer nur in die Zukunft planen. Auch wenn die Frankfurter Altstadt natürlich keine heile Welt gewesen ist und auch keine romantische Idylle, so sollte man sich doch stets der Wurzeln bewusst bleiben, aus denen man erwachsen ist, sonst werden auch Menschen buchstäblich entwurzelt, sonst droht die Geschichts- und Gesichtslosigkeit. Man kann also nur hoffen, dass Frankfurt zumindest einige grundsätzliche Züge seines einst unverwechselbaren Gesichts zurückerhält.

III. FRANKFURT IN ALTEN STADTANSICHTEN UND PLÄNEN

Der Holzschnitt stammt aus einer Ausgabe der Goldenen Bulle von 1485 und dokumentiert den Einzug der Kurfürsten in Frankfurt anlässlich einer Königswahl. Die drei geistlichen Kurfürsten erscheinen mit ihren Wohnschiffen, die weltlichen hoch zu Ross. Am rechten Bildrand sind der Mainkran und die turmbewehrte Stadt zu sehen, deren Erscheinungsbild eher typisch als treffend wiedergegeben sein dürfte. Es kam zu dieser Zeit noch nicht auf die naturgetreue Wiedergabe an. Erst nach der Entdeckung und Anwendung perspektivischen Zeichnens und nach der Überwindung der Zweidimensionalität treten realistische Abbildungen hervor.

Die historische Bausubstanz, die sich in Frankfurt nach den ungeheuren Kriegszerstörungen erhalten hat oder die rekonstruiert worden ist, macht die Geschichte der Stadt und ihrer Menschen sichtbar. Diese Bauten fordern und fördern die Auseinandersetzung mit dieser Geschichte. Aus den gewonnenen Einsichten wiederum erschließt sich den heutigen Einwohnern ihre eigene Gegenwart, ihr besonderes Verhältnis zu ihrer Stadt, in der sie vielleicht leben und arbeiten, in der sie Unterhaltung und Erholung suchen (und hoffentlich auch finden), in der sie Wurzeln geschlagen haben und mit der sie sich identifizieren, die ihnen Heimat und Zuhause bietet.

Der fein gearbeitete Holzschnitt von MH (Signatur o. l.) nach einer Zeichnung von Konrad Faber (1545, u. r. angegeben) erschien 1549 in der „Cosmographia universa“ des Sebastian Münster. Es handelt sich um die früheste Ansicht Frankfurts aus der Vogelperspektive, und zwar mainaufwärts aus südwestlicher Richtung. Die alte Mainbrücke mit Mühle und Türmen verbindet das kleine, aber wohlbefestigte Sachsenhausen mit dem mauer- und turmumwehrten Frankfurt, das vom Dom überragt wird. Der Betrachter gewinnt zunächst einen treffenden Eindruck von der Lage der Stadt in der Mainebene, von ihrer engen Bebauung, aus der neben dem Dom vor allem die Befestigungsanlagen ins Auge fallen, sowie von der näheren Umgebung. Erst bei genauerem Hinsehen und mit Hilfe der Legende lassen sich der Dom St. Bartholomäus (A), das Liebfrauenstift (B), das Leonhards-Stift (C), das Predigerkloster (D), das Karmeliterkloster (E), das Barfüßerkloster (F), das Katharinenkloster (G), die Antoniuskirche (H), die Nikolauskirche (I), das Heiliggeistspital (K), die Peterskirche (M), das Kloster der Weißen Frauen (M), der Römer (O), der Markt (P), das Johanniterhaus (Q), die Stadtwaage (R), die Allerheiligenkirche (S), das Pestilenzhaus (T), das Friedberger Tor (V), die Straße nach Hanau (X) und die Straße nach Mainz (Y) lokalisieren. In Sachsenhausen wird auf das Deutschordenshaus (a), die Elisabethkirche (b), die Dreikönigskirche (c) und den gegenüber liegenden Gottesacker (d) verwiesen. Nicht übersehen sollte man die Maininsel am unteren Bildrand links und die dortigen Mühlen oder die Hafenanlagen darüber mit ihrem Kran. Und am gegenüberliegenden Ufer sieht man die mühevolle Arbeit des Treidelns. Der Doppeladler verweist auf den Status der Reichsunmittelbarkeit.

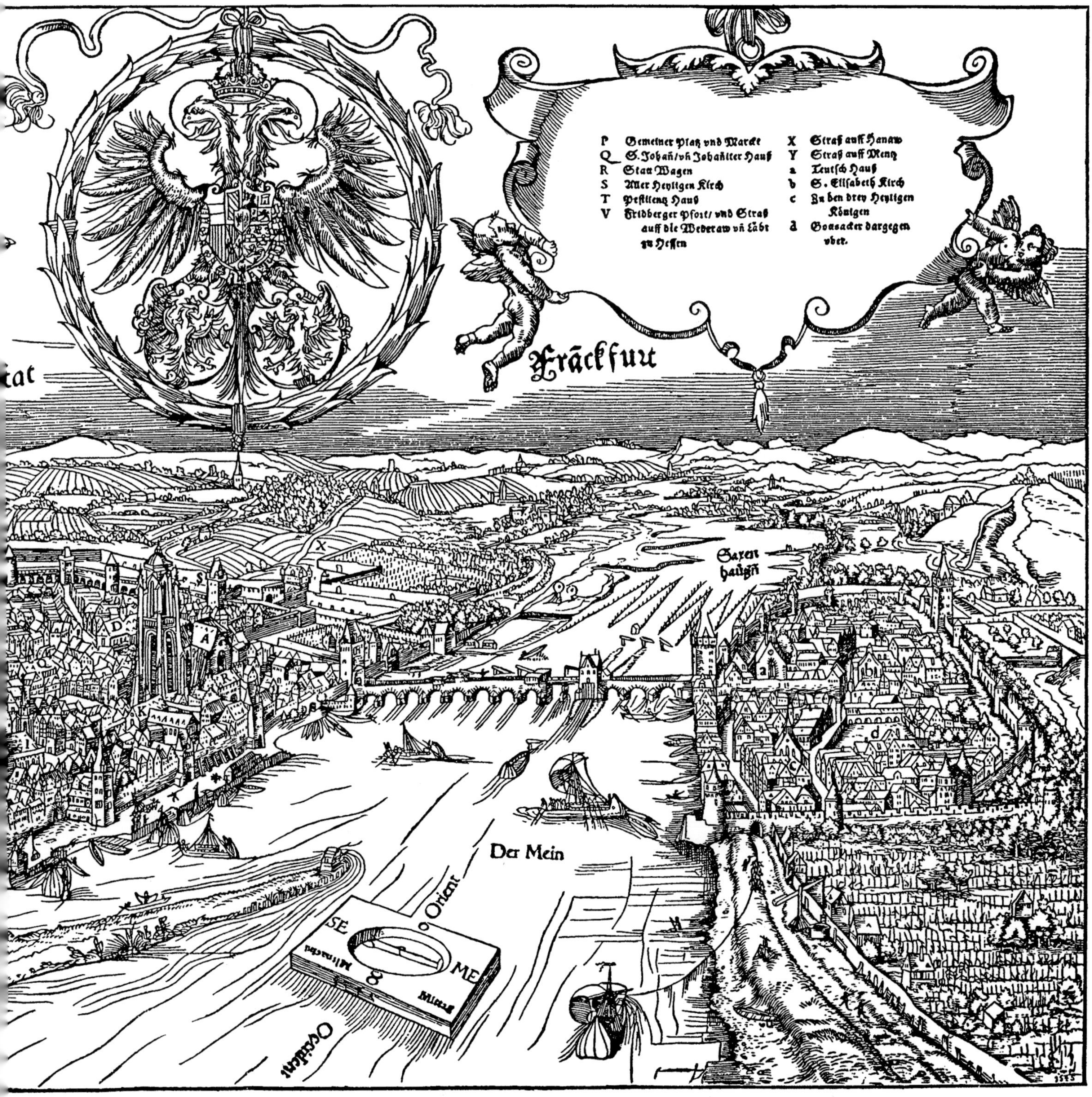

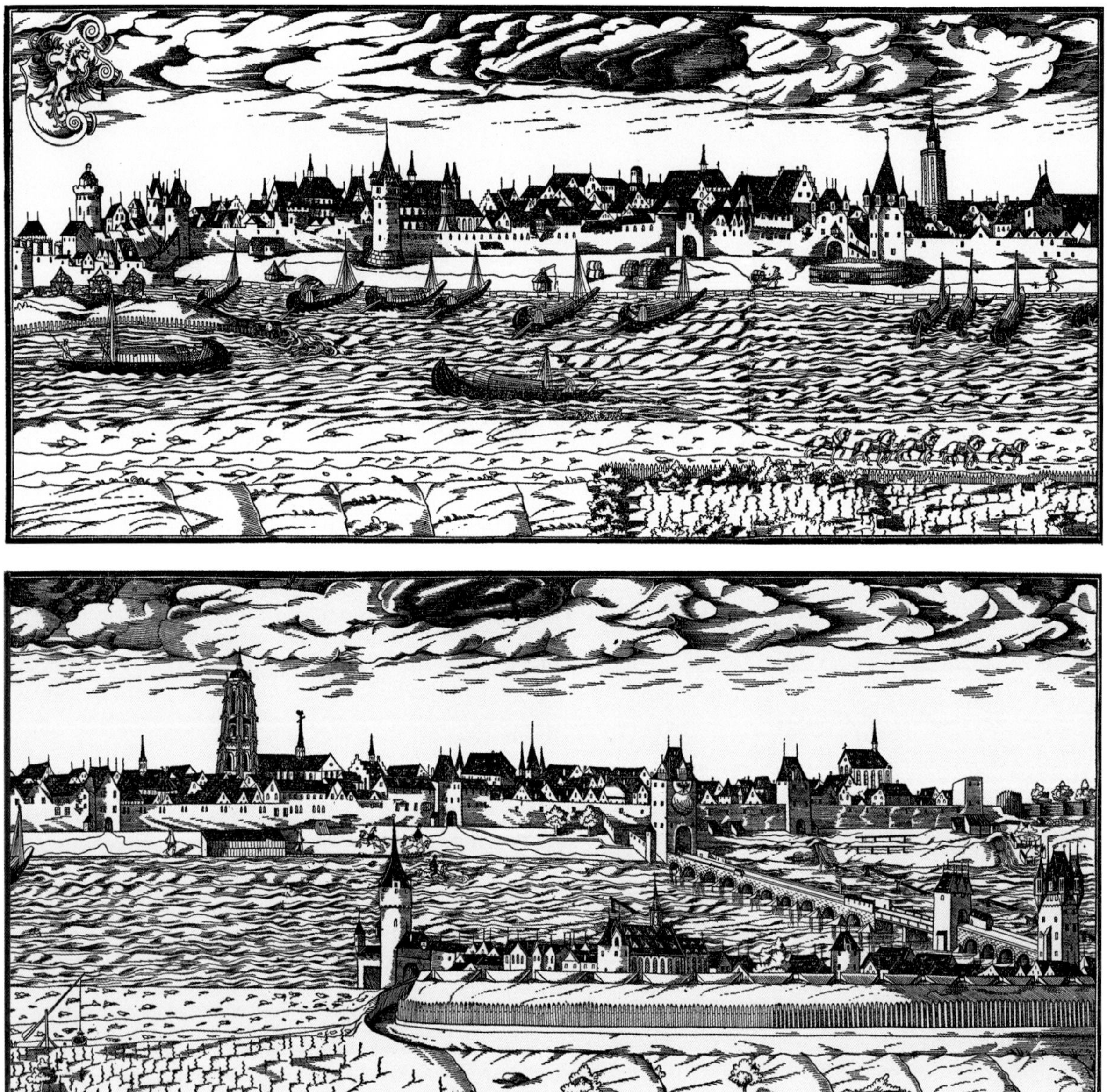

Der Holzschnitt von Hans Grav (?) um 1550 gestattet vom linken Mainufer aus einen eindrucksvollen Blick auf die Stadt, der im Westen links vom Mainzer Turm bis zum Dominikanerkloster im Osten reicht. Die Stadt selbst mit ihren zahlreichen kleinen Häusern duckt sich gleichsam hinter den Schutz der starken, mit vielen Türmen bewehrten Stadtmauer, die von wenigen größeren Gebäuden und natürlich von den Kirchen überragt wird. Auf dem Main herrscht reger Verkehr, Lastschiffe haben am Ufer festgemacht, links am Bildrand sind drei Flussmühlen im Betrieb, ein Schiff wird mainaufwärts gezogen, und Sachsenhausen wird zusätzlich von Palisaden geschützt. (Aus technischen Gründen ist die Abbildung zweigeteilt.)

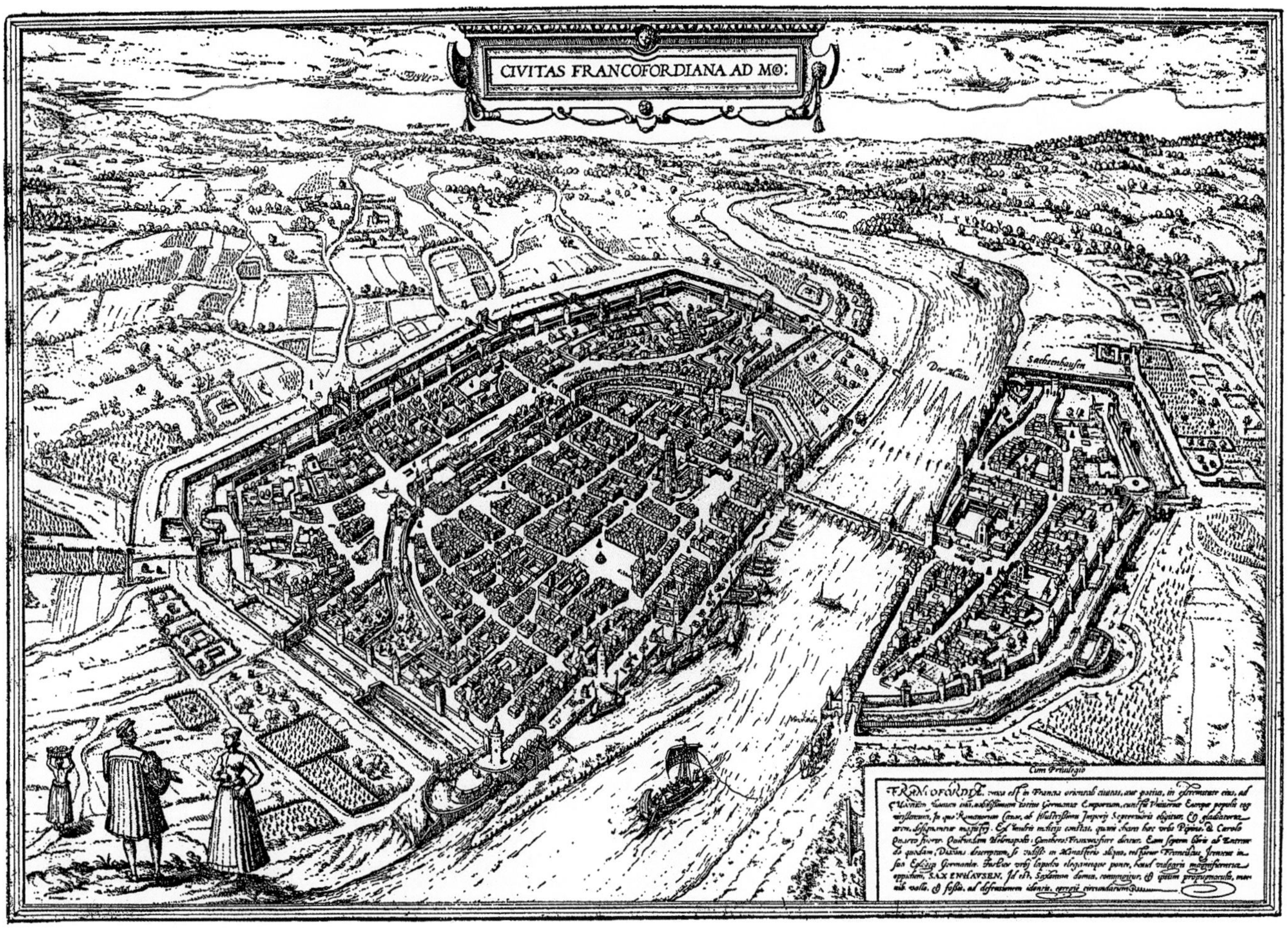

Der Kupferstich aus dem Städtebuch von Georg Braun und Franz Hogenberg von 1572 zeigt die „Civitas Francofordiana ad Moe[num]“ wieder aus der Vogelperspektive. Die Anlehnung an den von Faber gezeichneten Plan ist unverkennbar. Allerdings wird die Darstellung gleichsam aus noch größerer Höhe vorgenommen, so dass der Überblickscharakter und die Umgebung der Stadt mit ihren Gärten und Feldern noch stärker hervortreten. So sind der Bereich der Altstadt innerhalb der einstigen Staufenmauer und das Gebiet der Neustadt deutlich erkennbar. Insgesamt ist die Stadt von einer starken Befestigungsanlage aus Wall und Graben, aus Mauern, Türmen und Toren geschützt.

Der Kupferstich von Matthäus Merian von 1612/19, der im Original rund 111 cm breit und 27 cm hoch ist,zeigt eine große Ansicht Frankfurts, die zu einem Vergleich mit dem Holzschnitt von Hans Grav (?) auffordert. Der Stich bietet ein sehr genaues Abbild der Stadt aus der ersten Hälfte des 17. Jahrhunderts. Türme, Häuser, Kirchen, Klöster, Anlagen, die Umgebung, das geschäftige Treiben auf dem Main und zahlreiche Einzelheiten, die es zu entdecken gilt, sind mit großer Akribie wiedergegeben worden. Es sind kriegerische, gefährliche Zeiten, also muss die Stadt über starke Befestigungsanlagen verfügen. Innerhalb der Mauern künden die stattlichen Häuser vom Wohlstand vieler Bürger. Und die zahlreichen Kirchen und Klöster weisen darauf hin, dass das Leben sehr stark von religiösen Vorstellungen geprägt war. Es ging nicht nur um eine möglichst genaue topografische Darstellung, sondern auch um eine künstlerische Ausgestaltung des Stichs.

Francfurt am
Main.
S. Bartholomeus

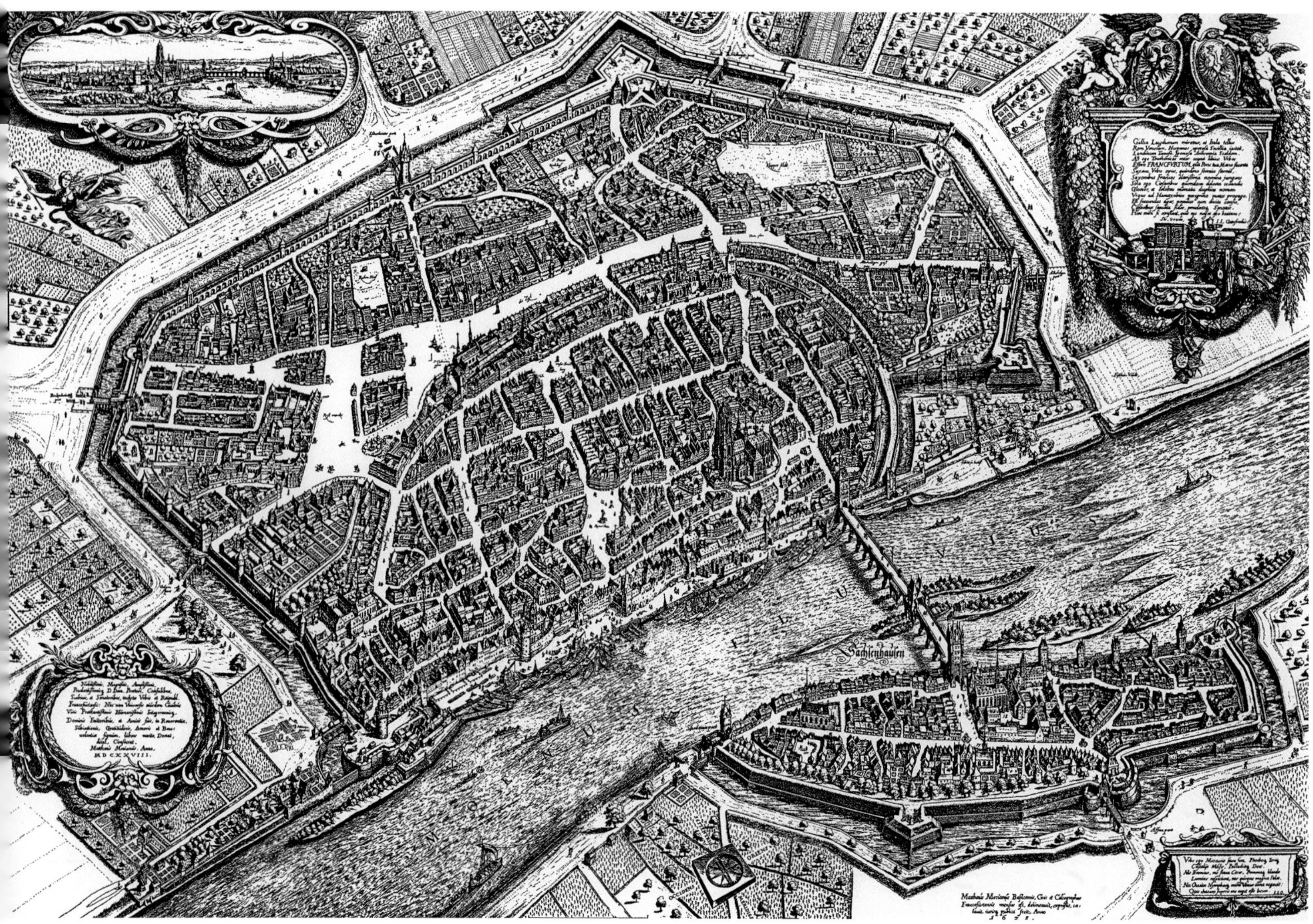
Sachsenhausen
MDCXXVIII

Der Ausschnitt aus dem Merian-Stich von 1612/19 lenkt den Blick verstärkt auf das Geschehen im Hafen, in dem der Ober- und Niederkran, gelagerte bzw. gestapelte Waren und die zahlreichen Schiffe und Kähne auffallen. Unmittelbar hinter dem Kai sind der Schneidwall, die Leonhardskirche mit dem Leonhardsturm, das Fahrtor und der Rententurm mit dem Saalhof zu sehen. Überragt wird das ganze Bild vom Dom St. Bartholomäus. Auf der starken Bastion, der südwestlichen Eckbefestigung der Stadt, steht der mächtige Rundturm des Schneidwalls. Darunter drehen sich am bzw. im Main verschiedene Mühlräder, darunter eine Gewürzmühle und natürlich auch eine Säge- oder Schneidmühle, die der Bastion zu ihrem Namen verhalf. Außerdem ist noch auf die Bockwindmühle zu verweisen, eine Mühlenkonstruktion, bei der der gesamte Oberbau mit seinen Flügeln in den Wind gedreht wird.

Die große Stadtansicht des Matthäus Merian von 1628 ist der bedeutendste und zuverlässigste der älteren Pläne der Stadt Frankfurt. Die Datierung erscheint in der Kartusche links und unten rechts. Abermals ist die Stadt aus der Vogelperspektive zu überblicken. So fällt beispielsweise die dichte Bebauung in der Altstadt auf, während in der Neustadt viele Grundstücke mit großen Gartenanlagen erkennbar sind. Die offensichtlich wichtigste Verkehrsverbindung verläuft im Westen vom Galgentor durch die Galgengasse über den Rossmarkt und die Zeil zur Allerheiligengasse und nach dem Verlassen der Stadt weiter mainaufwärts. Sie orientiert sich weitgehend am Verlauf der einstigen Staufenmauer, die im Stadtplan erkennbar geblieben ist, so dass auch die Bereiche von Alt- und Neustadt deutlich zu unterscheiden sind. Die Stadt ist insgesamt, Sachsenhausen eingeschlossen, von starken Wehranlagen umschlossen, die mit Wall und Graben, mit Mauern und Türmen, mit Toren und Bastionen sehr genau verzeichnet sind. Um die Arbeit Merians nur annähernd schätzen zu können, muss man sich vergegenwärtigen, dass es im 17. Jahrhundert natürlich noch keine Luftaufnahmen gab. Der Zeichner und/oder Kupferstecher musste in mühsamster Arbeit jedes Gebäude, jedes Haus, jede Kirche, jedes Kloster, jeden Platz einschließlich ihrer Größenverhältnisse abzeichnen, um aus der Vielzahl dieses Materials im richtigen Verhältnis und aus dem richtigen Blickwinkel und maßstäblich möglichst genau den Gesamtplan zusammenstellen zu können. (Originalformat 104 cm x 74 cm) Man erkennt also nur besonders markante Stellen wie Sachsenhausen, Mainbrücke, Dom und Römerberg, Alt- und Neustadt, den Bereich des Rossmarktes und die Befestigungen. Die nachfolgenden Ausschnitte sollen unmittelbare Einblicke ermöglichen.

Daher vermitteln die alten Ansichten Frankfurts auch nicht nur das äußere Erscheinungsbild der Stadt zu unterschiedlichen Zeiten, man muss sich vielmehr bewusst machen, dass hinter den Mauern, dass in den Häusern und Klöstern Menschen gelebt und gelitten haben, mit all ihren Träumen und Sehnsüchten, aber auch mit allen Nöten und Verzweiflungen. In diesen Häusern wurden sie geboren, haben sie gelebt, sind sie schließlich gestorben. Indem die alten Ansichten die Lebensumwelt der Menschen abbilden, vermitteln sie auch Erkenntnisse über deren Alltag. Die Abbildungen dokumentieren nicht zuletzt auch das Selbstverständnis der Stadt und ihrer Einwohner, sie sind ein Mittel der Selbstdarstellung und Repräsentation und besitzen Identität stiftende Wirkung.

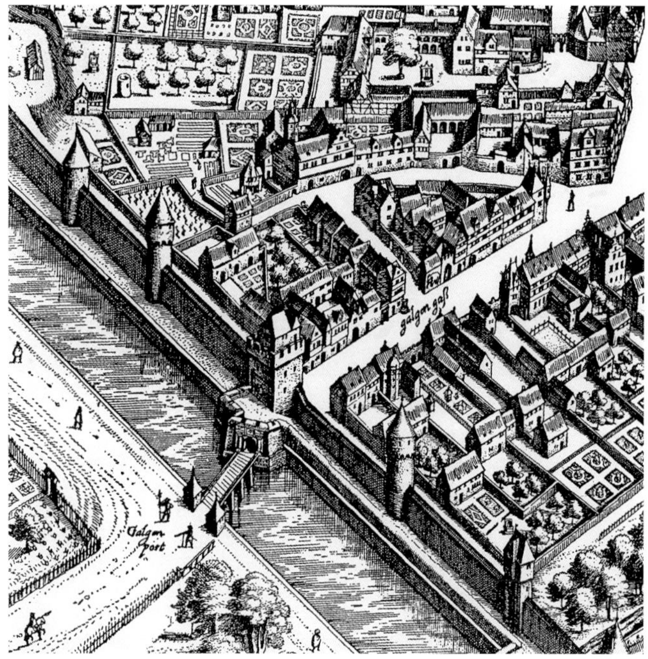

Merian, Großer Plan der Stadt Frankfurt von 1628 – Der Ausschnitt zeigt den Bereich um die Galgengasse mit dem Galgentor. Die verurteilten armen Sünder oder verstockten Verbrecher wurden hier zum Galgen geführt oder gekarrt. Wie zuvor schon erwähnt, sind hinter den festen Mauern große Grundstücke mit großzügigen und prächtigen Gartenanlagen zu sehen. Die Bebauung der Neustadt war also nicht so verdichtet wie in der Altstadt.

Merian, Großer Plan der Stadt Frankfurt von 1628 – Dieser Ausschnitt zeigt die Umgebung der Leonhardskirche mit dem Leonhardsturm, der Leonhardspforte und einem Teil des Mainkais, dem Weinhafen. Mit Hilfe des Krans lassen sich die eichenen Weinfässer problemlos verladen. Die meist giebelständigen Häuser an der Buchgasse künden vom Wohlstand ihrer Besitzer.

Merian, Großer Plan der Stadt Frankfurt von 1628 – Dieser größere Ausschnitt zeigt die Umgebung des Doms. Am Main lagern zwischen Heiliggeistpforte und Metzgerpforte große Güterstapel. Es schließen sich der Brückenturm und die Alte Mainbrücke an sowie die Fischerpforte. Durch die Fahrgasse rechts kann man in die Predigergasse mit dem Dominikanerkloster gelangen, um sich dann durch die Schnurgasse oder die Antoniusgasse nach Westen zu wenden. Die Neue Kräme führt dann zum Römerberg und zum Rathaus, vor dem der Gerechtigkeitsbrunnen steht und wo sich die Nikolaikirche erhebt. Über den Markt gelangt man schließlich zum Dom, der von einigen Häusern, vor allem aber von einer Vielzahl von Verkaufsständen umgeben ist. Hinter dem Dom liegt der Garküchenplatz mit der Mehlwaage. Vor der alten Stadtmauer am oberen Bildrand rechts befindet sich die Judengasse, beiderseits sehr eng bebaut und durch ein Tor zu versperren. Insgesamt zeigt die Abbildung den ältesten Siedlungskern im Bereich des Doms und das typische Erscheinungsbild einer mittelalterlichen, räumlich beengten Stadt, in diesem Fall nach Ansicht der Gebäude einer offensichtlich wohlhabenden Stadt.

Merian, Großer Plan der Stadt Frankfurt von 1628 – Der Ausschnitt zeigt den Bereich zwischen Rossmarkt und Römerberg mit dem Hirschgraben, dem Kornmarkt, der Sandgasse, dem Liebfrauenberg und der Neuen Kräme. Am unteren Bildrand erscheint, von einer eigenen Mauer geschützt, die Leonhardskirche. Im Uhrzeigersinn folgen das Karmeliterkloster, das Weißfrauenkloster, die Katharinenkirche, die Liebfrauenkirche, das Barfüßerkloster und am Römerberg schließlich noch die Nikolaikirche. Das Karmeliterkloster und seine Kirche, einst berühmte Stätten der Kunst und letzte Ruhestätte bekannter Bürger, verkamen nach der Säkularisation von 1803 als Speicher, Kaserne, Zollmagazin, Kulissenmagazin, Feuerwehrwache oder Schulgebäude. Im 20. Jahrhundert hat man das Kloster in eine Künstlersiedlung umgewandelt, als die erhaltenen Gebäude und die Kirche instandgesetzt wurden und viele Besucher anzogen. Am 22. März 1944 zerstörten alliierte Bomben die historische Stätte. – Die Neue Kräme hieß ursprünglich Scheidsgasse. Als aber die Stadt auf dem einstigen Friedhof des Barfüßerklosters eine Reihe von Läden errichten ließ, konnte man Unter den Neuen Krämen einkaufen. Die Barfüßer oder Franziskaner hatten sich schon 1529 der Reformation angeschlossen. Ihre Kirche nutzten fortan die Protestanten für ihre Gottesdienste und für Konzerte. Die Klostergebäude dienten u. a. als Gymnasium, als Stadtbibliothek oder zu Verwaltungsaufgaben. Als Kirche und Gebäude den Ansprüchen der Gemeinde nicht mehr genügten, wurden sie abgerissen. An ihrer Stelle errichtete man die Paulskirche, die 1833 vollendet war.

Contrafactur der Statt Franckfurt am Main, Und wie Königl. May. Zu Schweden Daselbst mit ihrer Armee ein und Durchgezogen. den 17. Novem. A.o 1631.
M. Merian fecit
9. S. Leonhart Stift.
10. S. Niclaus.
11. Spital zum Heilig. Geist.
12. Barfusser Kirch.
13. S. Catharina Closter.
14. S. Bartolme Stift.
15. Unser lieben Frawen Stift.
16. S. Antoni ietz Capuciner
17. Prediger Closter.
18. Allerheiligen.
19. Cronburg.
20. Konigstein.
21. der Main.
22. Schwedische Artelerie und Amunition Schiff.
5. Heylig. dreij Konig.
6. Mintzer thorn.
7. Weyssfrawen Closter.
8. Carmeliter Closter.

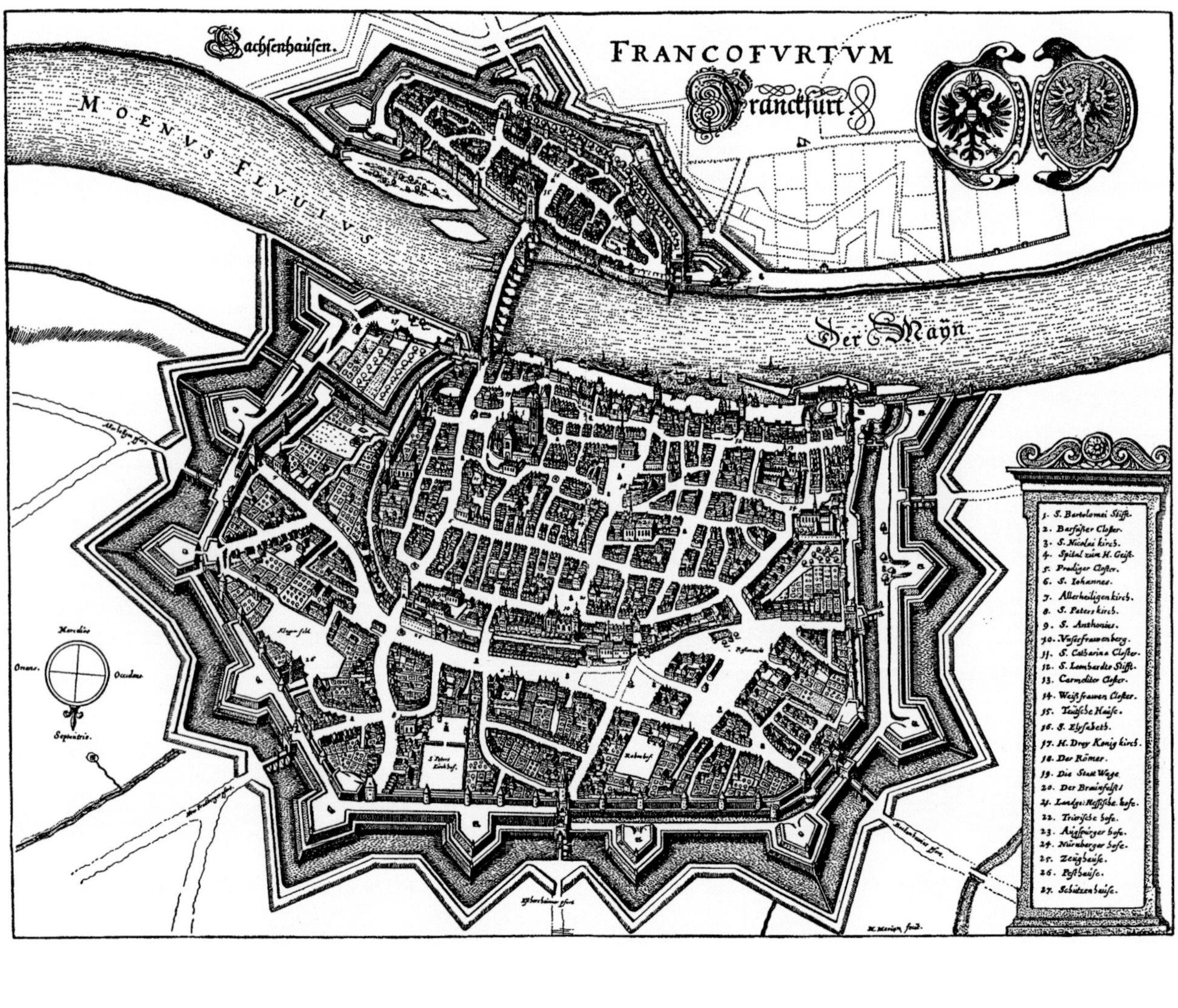
Sachsenhausen.
FRANCOFVRTVM
Franckfurt
MOENVS FLVVIVS
Der Mayn
1. S. Bartolomei Stifft.
2. Barfüsser Closter.
3. S. Nicolai kirch.
4. Spital zum H. Geist.
5. Prediger Closter.
6. S. Iohannes.
7. Allerheiligen kirch.
8. S. Peters kirch.
9. S. Anthonius.
10. Vnserfrawenberg.
11. S. Catharina Closter.
12. S. Lombardts Stifft.
13. Carmeliter Closter.
14. Weißfrawen Closter.
15. Teutsche Hauße.
16. S. Elysabeth.
17. H. Drey Konig kirch.
18. Der Römer.
19. Die Statt Wage
20. Der Brainfelß
21. Landge: Hessische hofe.
22. Trierische hofe.
23. Augspurger hofe.
24. Nürnberger hofe.
25. Zeughauße.
26. Postbauße.
27. Schützenhauße.

„Contrafactur der Statt Franckfurt am Main, Und wie Königl. May. Zu Schweden Daselbst mit ihre Armee ein und Durchgezogen. Den 17. Novem. Ao. 1631“ – Der Kupferstich des Matthäus Merian von 1639 verweist also auf ein besonderes historisches Ereignis während des Dreißigjährigen Kriegs. Vor allem aber bringt er eine Ansicht Frankfurts vom Mühlberg aus, so dass im Vordergrund die schwedischen Truppen, dann das stark befestigte Sachsenhausen und erst dahinter die turmreiche Stadt zu sehen sind, wieder dominiert vom buchstäblich überragenden Kaiserdom.

Der Kupferstich des Matthäus Merian von 1645 zeigt eine Ansicht der Festung Frankfurt mit Blick nach Süden. Ins Auge fallen insbesondere Sachsenhausen, der Main, die Alt- und die Neustadt, die zusätzlich zur Stadtmauer von einem starken Festungsgürtel mit zahlreichen Bastionen umgeben sind. Mit Hilfe der Legende und einer Lupe lassen sich die wichtigsten Gebäude identifizieren: Kirchen und Klöster, öffentliche Gebäude oder verschiedene Höfe. In der Neustadt fallen die großen Plätze auf, zu denen links im Bild auch das Klapperfeld gehört, an dem das Pesthaus liegt. Es erstaunt, dass diese Einrichtung für unheilbar und ansteckend erkrankte Menschen in der Stadt liegt, denn in der Regel befinden sich solche Siechenhäuser aus Sicherheitsgründen außerhalb der Mauern. Der Name Klapperfeld dürfte auf die Klappern zurückzuführen sein, die die Kranken bei ihren Bitt- und Bettelgängen zu betätigen hatten, um die Passanten auf sich und die drohende Ansteckungsgefahr aufmerksam zu machen.

Der Ausschnitt aus dem Merian-Stich von 1646 lenkt den Blick gezielt auf den Weinhafen. Hier harren zahlreiche Fässer ihrer Verladung. Der Ober- und der Niederkran erleichtern die Arbeit. Die Szene spielt sich vor dem Leonhardsturm und der Leonhardskirche ab. Im Hintergrund links ragt der Dom auf. Am rechten Bildrand sind noch der Main und die steinerne Brücke mit ihrem Brückenturm zu sehen.

Welche Bedeutung die feste Mainbrücke für Frankfurt besaß, geht allein schon daraus hervor, dass Matthäus Merian 1646 den vorliegenden Kupferstich schuf: „Die Steinerne Brücke zu Franckfurt, wie selbige gegen Auffgang gesehen wirdt“ (Signatur unten rechts)

Sie zeigen Wohlstand und Armut und decken gesellschaftliche, wirtschaftliche sowie religiöse Hintergründe auf. Einst bildete(n) die Kirche(n) den Mittelpunkt menschlicher Existenz, sie überragten buchstäblich die vergleichsweise bescheidenen Wohnhäuser. Heute ducken sich selbst himmelstrebende Kirchtürme in den Schatten gewaltiger Hochhäuser von Banken, Versicherungen und Unternehmen, die geradezu Erinnerungen an den in der Bibel geschilderten Turmbau zu Babel wachrufen. Das äußere Erscheinungsbild der Stadt wirkt auf das Leben der Menschen ein, die umgekehrt aber auch das Bild ihrer Stadt bestimmen. Dieses spannende Wechselspiel führt zu aufschlussreichen Erkenntnissen, die sich an den Karten und Plänen ablesen lassen.

Historische Stadtansichten wie neuere Stadtpläne bieten dem Betrachter also nicht nur ein anschauliches Bild der jeweiligen Stadt, sie enthalten vielmehr bei genauerem Hinsehen eine Fülle hochinteressanter Informationen. Ein erster Gesamtblick ergibt je nach Maßstab und Berücksichtigung der näheren Umgebung das Erscheinungsbild der Stadt zur Zeit der Darstellung. Bei alten Plänen dominieren die Befestigungsanlagen, die Kirchen und Klöster mit ihren Türmen, öffentliche Gebäude, Plätze und die enge Bebauung. Spätere Pläne dokumentieren bereits Stadterweiterungen oder anschließend bereits die Umwandlung von Festungsanlagen in Grüngürtel. Pläne aus dem 19. Jahrhundert zeigen das Hinauswachsen über die alten Stadtgrenzen und die Entstehung ganz neuer Stadtviertel. Betrachtet man diese Pläne nacheinander, werden die entscheidenden Entwicklungen der Stadtgeschichte erkennbar. Wer sich der Mühe unterzieht, einzelne Pläne buchstäblich unter die Lupe zu nehmen, der entdeckt viele aussagekräftige Einzelheiten, die Auskunft über das Leben und Treiben der Menschen geben, über die Wohn- und Lebensqualität, über politische, wirtschaftliche, technische, berufliche, soziale, religiöse sowie kulturelle Verhältnisse, über Handel und Wandel, Verkehr usw. Solche Beobachtungen werden durch Kartenausschnitte verdeutlicht.

„Geometrischer Grundriß der Kayserl. Freyen Reichs-, Wahl- u. Handel-Statt Franckfurth am Mayn" – Der Grundriss zeigt mit Blickrichtung Norden die Stadt im 18. Jahrhundert im Schutz ihrer Bastionen. Die Bereiche der Alt- und der Neustadt sind weiterhin deutlich zu unterscheiden.

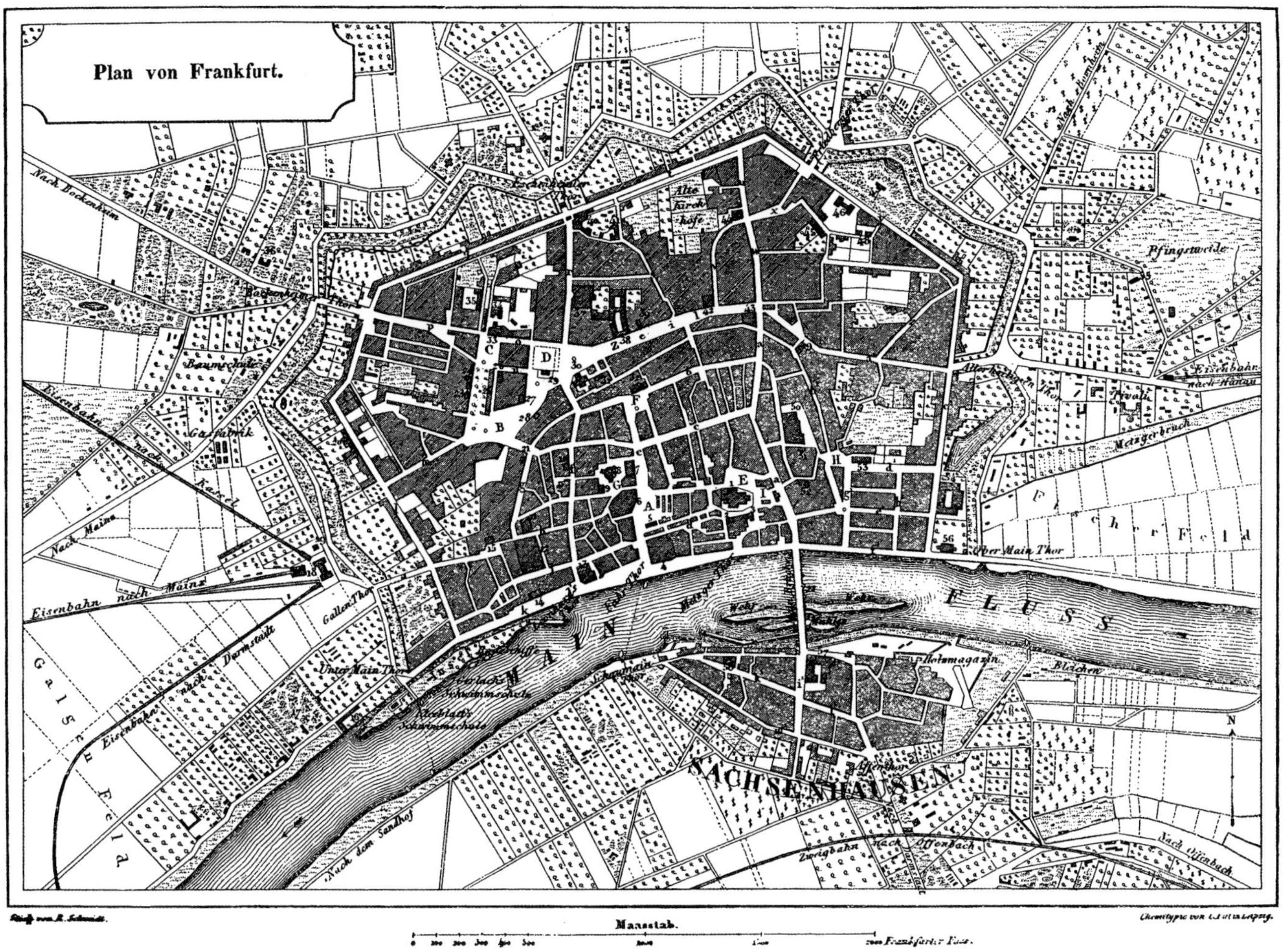

Oeffentliche Gebäude.

1 Dom.
2. Leinwandhaus.
3. Stadtwage.
4. Saalhof.
5. Nicolaikirche.
6. Römer.
7. Börse.
8. Paulskirche.
9. Stadtgericht.
10. Reformirte Kirche.
11. Münze.
12. Caserne.
13. Bernhardskirche.
14. Zollamt.
15. Weißfrauenkirche.
16. Mainlust (Restauration).
17. Landgut des Kurfürsten von Hessen.
18. Bahnhöfe.
19. Westendhall (Restauration).
20. Städel'sches Kunstinstitut.
21. Goethe's Vaterhaus.
22. Gutenberg's Denkmal (Project).
23. Hof von Holland (Kaffeehaus).
24. Französisch-reformirte Kirche.
25. Goethe's Denkmal in der Stadtallee.
26. Weidenbusch (Gasthof).
27. Casino und Lesekabinet.
28. Pariser Hof (Gasthof).
29. Hauptwache.
30. Katharinenkirche.
31. Pfandhaus.
32. Liebfrauenkirche.
33. Theater.
34. Marstall mit Reitschule.
35. Irrenhaus.
36. von Rothschild's Garten.
37. Thurn und Taxis'sches Palais.
38. Postgebäude.
39. Russischer Hof (Gasthof).
40. Naturhistorisches Museum.
41. Senkenberg'sche Stiftung.
42. Römischer Kaiser (Gasthof).
43. Constablerwache.
44. Peterskirche.
45. Versorgungshaus.
46. Waisenhaus.
47. Bethmann'sches Museum.
48. Zuchthaus.
49. Synagoge.
50. Ehemaliges Dominicanerkloster, jetzt Kornmagazin.
51. Israelitischer Betsaal.
52. Gymnasium.
53. Israelitisches Krankenhaus.
54. Hospital zum heiligen Geist.
55. Militairhospital.
56. Stadtbibliothek.
57. Deutschordenshaus mit Kirche (Sachsenhausen).
58. Dreikönigskirche (Sachsenhausen).

Oeffentliche Plätze.

A. Römerberg.
B. Roßmarkt.
C. Komödienplatz.
D. Paradeplatz.
E. Domplatz.
F. Liebfrauenberg.
G. Paulsplatz.
H. Judenmarkt.
I. Garküchenplatz.

Straßen und Gassen.

a. Fahrgasse.
b. Döngesgasse.
c. Schnurgasse.
d. Saalgasse.
e. Neue Kräme.
f. Kornmarkt.
g. Hirschgraben.
h. Münzgasse.
i. Mainzer Gasse.
k. Mainquai.
l. Neue Mainzer Straße.
m. Gallengasse.
n. Steinweg.
o. Bibergasse.
p. Große Bockenheimer Gasse.
q. Hohe Straße.
r. Große Eschenheimer Gasse.
s. Schlimme Mauer.
t. Bleichstraße.
u. Alte Gasse.
v. Schäfergasse.
w. Friedberger Gasse.
x. Vilbeler Gasse.
y. Seilerstraße.
z. Breite Gasse.
a'. Allerheiligengasse.
b'. Judengasse.
c'. Lange Straße.
d'. Recheneigraben.
e'. Fischerfeldgasse.
f'. Schöne Aussicht.
g'. Maingasse.
h'. Schützenstraße.

Sachsenhausen.

i'. Brückengasse.
k'. Dreikönigsstraße.
l'. Elisabethengasse.
m'. Schulstraße.

Dieser Stadtplan Frankfurts von 1848 präsentiert ein weitgehend neues Erscheinungsbild. Zwar ist die Stadt noch immer nicht über den Bereich der alten Stadtmauer und der einstigen Befestigungsanlagen hinausgewachsen, zwar sind Alt- und Neustadt weiterhin deutlich zu unterscheiden, aber die Befestigungsanlagen sind gefallen. Die Lage der ehemaligen Bastionen ist zwar erkennbar geblieben, aber die militärischen Einrichtungen sind Grünanlagen gewichen, an die sich großzügig Gärten und landwirtschaftliche Flächen anschließen. Und das Zeitalter der Industrialisierung hat Einzug gehalten mit den Eisenbahnlinien nach Darmstadt, Mainz und Kassel und den zugehörigen Bahnhöfen. Südlich von Sachsenhausen verläuft zudem noch die Zweigbahn nach Offenbach. Weiterhin sind zahlreiche öffentliche Gebäude, öffentliche Plätze sowie Straßen und Gassen verzeichnet. Waren in früheren Plänen vor allem Kirchen und Klöster aufgeführt, treten jetzt Gasthöfe und Restaurationen hinzu, ferner Museen, soziale Einrichtungen, Denkmäler, Pfandhaus, Theater, Irrenhaus, Krankenhäuser, Waisenhaus, Zuchthaus usw., die deutlich machen, in welchem Maß sich das Leben in der Stadt verändert hat. An die Festungszeiten erinnern noch die Namen der einstigen Stadttore: Unter-Main-Tor, Gallen-Tor, Bockenheimer Tor, Eschenheimer Tor, Friedberger Tor, Allerheiligen-Tor, Ober-Main-Tor. Dazu gehören auch die Zugänge zum Main wie das Leonhards-, das Fahr- und das Metzger-Tor. Beachtenswert sind zudem die Flussbadeanstalten: Kleeblatts Schwimmschule und Gerlachs Schwimmschule sowie die Mühlen an der immer noch einzigen Mainbrücke.

Großer Stadtplan von Friedrich Wilhelm Delkeskamp von 1864 – Im Vergleich mit den älteren Stadtplänen wird ersichtlich, dass Delkeskamp auf schmückenden Zierrat wie Wappen, Kartuschen, Embleme, Personengruppierungen usw. verzichtet und einen möglichst naturgetreuen Plan erstellt. So lautet auch der Titel: „Malerischer Plan von Frankfurt am Main und seiner nächsten Umgebung – 1864 – Nach der Natur aufgenommen und aus geometrischer Vogelschau gezeichnet von Friedr. Wilh. Delkeskamp. In Stahl gestochen von Friedrich Herchenhein, Philipp Dauch und dem Herausgeber. Frankfurt a. M. Verlag von F. W. Delkeskamp 1864". Der Blick des Betrachters gleitet aus einer Höhe von vielleicht einem Kilometer von Süden nach Norden schräg über die Stadt. Dabei hat Delkeskamp bewusst die eigentlich erforderliche perspektivische Verkürzung ausgespart, so dass die Baulichkeiten im Vordergrund die gleiche Größe besitzen wie jene im Hintergrund. Dieses Verfahren entspricht zwar nicht den optischen Gegebenheiten, bietet aber die Möglichkeit zu genauerer Darstellung des Stadtplans. Dieser Plan erschließt sich wie der große Merian-Stich von 1628 erst bei genauem Hinschauen und bei Nutzung eines Vergrößerungsglases. Er ist schon sehr aussagekräftig, denn er dokumentiert, wie wenig sich das Stadtbild grundsätzlich geändert hat, denn noch immer sind Alt- und Neustadt, ist der Verlauf der einstigen Festungsanlagen erkennbar. Und das gilt sogar noch für moderne Stadtpläne, trotz aller massiven Wandlungen im 20. Jahrhundert. Andererseits wird ersichtlich, wie die Stadt inzwischen über die einstigen Grenzen hinausdrängt. Die längst abgetragenen Stadtmauern und Festungsanlagen sind keine Hindernisse mehr, die wachsenden Bevölkerungszahlen erfordern die Erschließung neuer Wohngebiete. Die vielleicht auffallendste Neuerung sind die drei Bahnhöfe im Westen vor der Stadt, die vom Anbruch einer neuen Zeit künden. Auch der einstige Rossmarkt hat sein Erscheinungsbild stark verändert. Hier stehen inzwischen das Gutenberg-, das Goethe- und das Schiller-Denkmal sowie die Hauptwache, hier befinden sich Goethe-, Theater- und Schillerplatz. Und im Main kann man in den Schwimm-Anstalten nicht nur das Schwimmen lernen, sondern sich auch erholen oder Konversation pflegen.

Main Fluss
Judenmarkt

Vergrößerter Ausschnitt aus dem Delkeskamp-Plan von 1864: Domhügel – Im Vergleich zum Merian-Stich sind in der Umgebung des Doms keine wesentlichen Veränderungen eingetreten, selbst das Erscheinungsbild der Häuser ist vielfach gleich geblieben, auch wenn, wie am Domplatz ersichtlich, etliche neue Bauten hinzugekommen sind. Aus dieser Beobachtung ist abzuleiten, dass sich die Frankfurter, unter denen viele wohlhabende Bürger waren, mit ihren alten Fachwerkhäusern zufrieden gaben. Wer sich dann auffallend aufwendige Bauten wie das Salzhaus am Römerberg oder das Haus Zur Goldenen Waage am Alten Markt leistete, wurde bereits misstrauisch beäugt. Im buchstäblichen Sinn des Wortes bestimmte das Handwerk den Rhythmus des Lebens.

Wie das alte Frankfurt ausgesehen hat, wie die Menschen dort gelebt haben, lässt sich nicht nur durch alte Ansichten veranschaulichen, sondern ist nicht minder beeindruckend zeitgenössischen Schriftquellen zu entnehmen. Als Beispiel aus dem 18. Jahrhundert kann ein Auszug aus Goethes „Dichtung und Wahrheit" dienen.

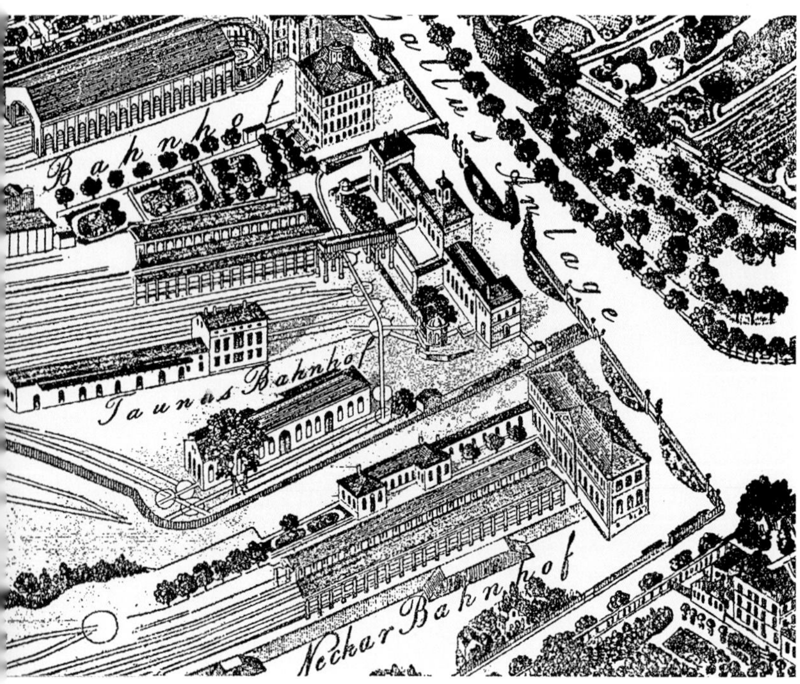

unten: Vergrößerter Ausschnitt aus dem Delkeskamp-Plan von 1864: die Kopfbahnhöfe an der Gallusanlage – Es handelt sich (von oben) um den Main-Weser-Bahnhof, den Taunus-Bahnhof und den Main-Neckar-Bahnhof der Eisenbahnlinien nach Kassel, Mainz und Darmstadt, die von verschiedenen Gesellschaften betrieben wurden. Die Strecke der Main-Weser-Bahn nach Kassel wurde zwischen 1845 und 1852 gebaut. Unterhalb des Bahnhofs steht die Westendhalle, ein vornehmes Tanz- und Clubhaus, das auch als Wartesaal genutzt wurde. Ein repräsentatives Aussehen bot der Taunus-Bahnhof, dessen Bahnlinie 1838 in Betrieb genommen wurde. Der dritte Bahnhof entstand 1845/46. Der schließlich 1886–88 erbaute Central- und spätere Hauptbahnhof schloss die verschiedenen Eisenbahnlinien zusammen und machte natürlich ihre Bahnhöfe überflüssig, an deren Stelle Banken, Hotels oder Versicherungspaläste entstanden. Die ebenfalls entbehrlich gewordenen Eisenbahntrassen wurden in große Straßen umgewandelt, in die Kronprinzen-, Kaiser- und Taunusstraße. Da sie erst gegen Ende des 19. Jahrhunderts bebaut wurden, konnte auf ihrem Gelände 1891 die Internationale Elektrotechnische Ausstellung stattfinden. Mit dem Bau der Eisenbahnen verlagerte sich zunehmend der Verkehr aus der Stadtmitte nach Westen. Dank der Mainbrücke war die Fahrgasse die Hauptgeschäftsstraße Frankfurts, denn Menschen und Waren kamen eben nur über diese Brücke in die Stadt oder verließen sie auf diesem Weg wieder. Jetzt kamen Reisende und Güter mit der Eisenbahn, so dass der Frankfurter Westen einen rasanten Aufstieg nahm und am Hauptbahnhof u. a. immer mehr Hotels und Gaststätten entstanden, was zu Lasten der Gasthöfe in der Altstadt ging. Im Zug dieser „Schwerpunktverlagerung" erfolgten, um nur ein Beispiel anzuführen, in den siebziger Jahren des 19. Jahrhunderts der Durchbruch der Kaiserstraße und ihre Verbindung zum Rossmarkt. Als damalige moderne Neuerung erhielt die Kaiserstraße eine Pferdebahn.

rechts: Frankfurt am Main, Stadtplan von 1874 – Im Gegensatz zur Delkeskamp-Schöpfung zeigt sich dieser Plan als reiner Straßenplan, der jedoch die Stadtentwicklung sehr deutlich festhält. Alt- und Neustadt sowie Sachsenhausen sind farblich abgesetzt und dokumentieren den Verlauf der einstigen Stadtmauer und der Festungswerke, die längst in Grünanlagen umgewandelt worden sind. Der Altstadtbereich ist erkennbar an den zahlreichen engen Gassen, während die Neustadt eine sehr viel großzügigere Struktur aufweist. Die Stadt ist dabei, über die ehemaligen Grenzen des Stadtgebietes hinauszuwachsen. Im Osten liegen bereits der neue zoologische Garten und der Hanauer Bahnhof, im Süden der Offenbacher Bahnhof und in Mainnähe eine Dampf-, Wasch- und Badeanstalt, im Westen der Neckar-, Taunus- und Weser-Bahnhof und die Verbindungsbahn. Das neue Verkehrsmittel Eisenbahn macht sich also sehr stark bemerkbar. Der Hauptbahnhof wird allerdings erst in etlichen Jahren weiter westlich entstehen. Im Main selbst befinden sich an der Untermainbrücke und an der Alten Brücke Flussbadeanstalten. Das Opernhaus ist als im Bau befindlich verzeichnet.

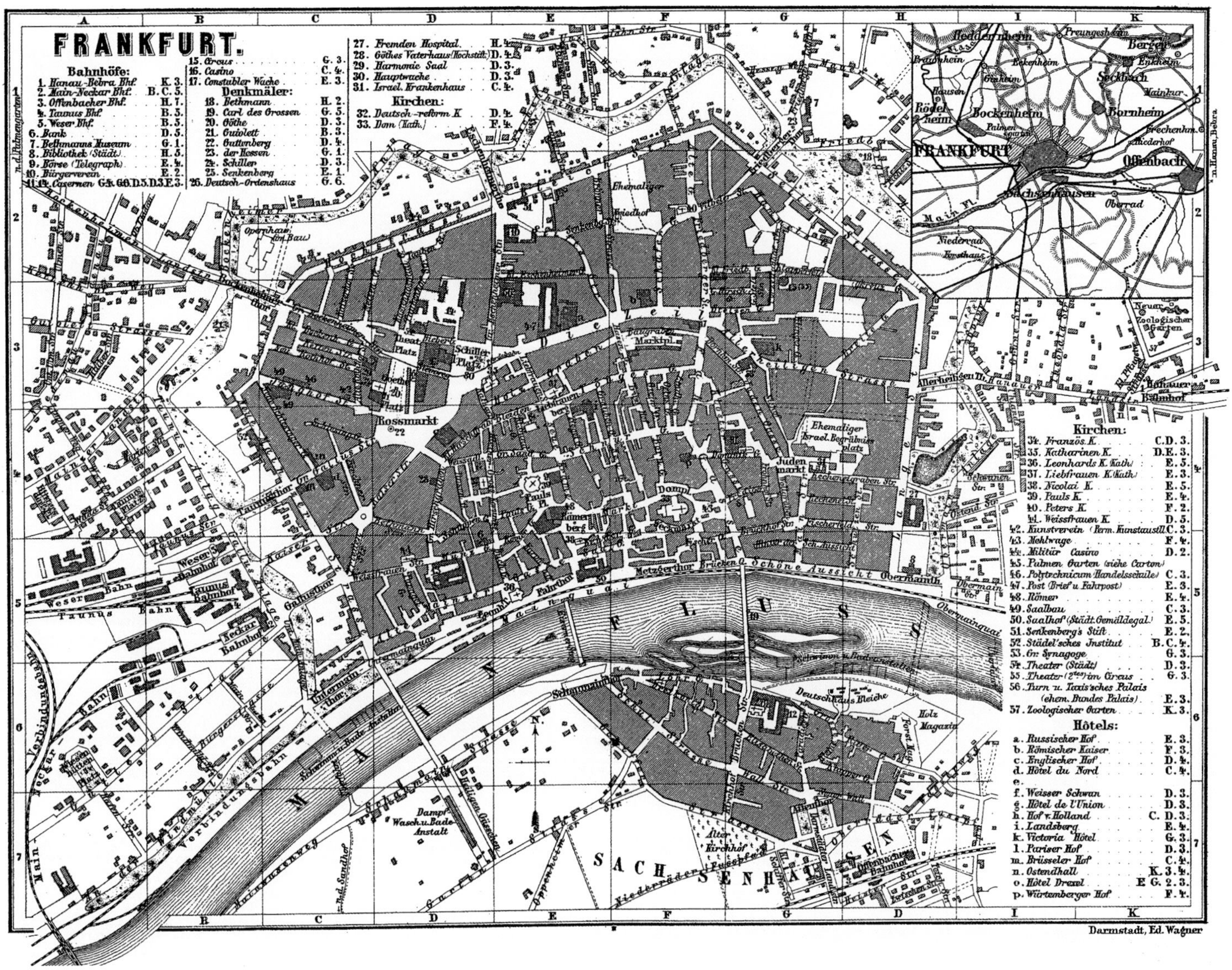

GOETHE, FRANKFURT (2. Hälfte 18. Jahrhundert)

Am liebsten spazierte ich auf der großen Mainbrücke. Ihre Länge, ihre Festigkeit, ihr gutes Ansehen machte sie zu einem bemerkenswerten Bauwerk; auch ist es aus früherer Zeit beinahe das einzige Denkmal jener Vorsorge, welche die weltliche Obrigkeit ihren Bürgern schuldig ist. Der schöne Fluß auf- und abwärts zog meine Blicke nach sich; und wenn auf dem Brückenkreuz der goldene Hahn im Sonnenschein glänzte, so war es mir immer eine erfreuliche Empfindung. Gewöhnlich ward alsdann durch Sachsenhausen spaziert und die Überfahrt für einen Kreuzer gar behaglich genossen. Da befand man sich nun wieder diesseits, da schlich man zum Weinmarkte, bewunderte den Mechanismus der Kräne, wenn Waren ausgeladen wurden; besonders aber unterhielt uns die Ankunft der Marktschiffe, wo man so mancherlei und mitunter so seltsame Figuren aussteigen sah. Ging es nun in die Stadt hinein, so ward jederzeit der Saalhof, der wenigstens an der Stelle stand, wo die Burg Kaiser Karls des Großen und seiner Nachfolger gewesen sein sollte, ehrfurchtsvoll begrüßt. Man verlor sich in die alte Gewerbstadt und besonders Markttages gern in dem Gewühl, das sich um die Bartholomäuskirche herum versammelte. Hier hatte sich, von den frühesten Zeiten an, die Menge der Verkäufer und Krämer übereinander gedrängt, und wegen einer solchen Besitznahme konnte nicht leicht in den neuern Zeiten eine geräumige und heitere Anstalt Platz finden. Die Buden des sogenannten Pfarreisens waren uns Kindern sehr bedeutend, und wir trugen manchen Batzen hin, um uns farbige, mit goldenen Tieren bedruckte Bogen

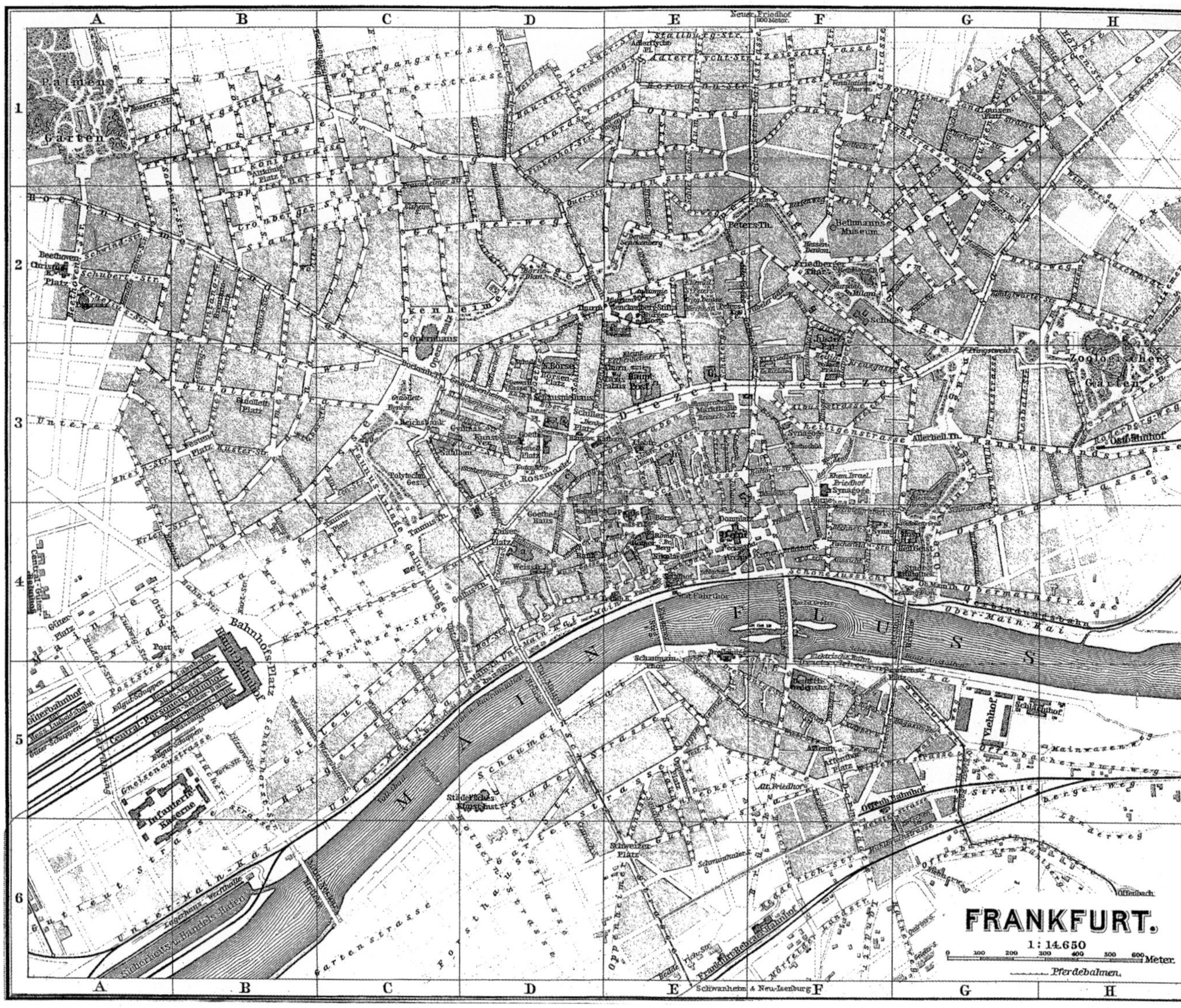

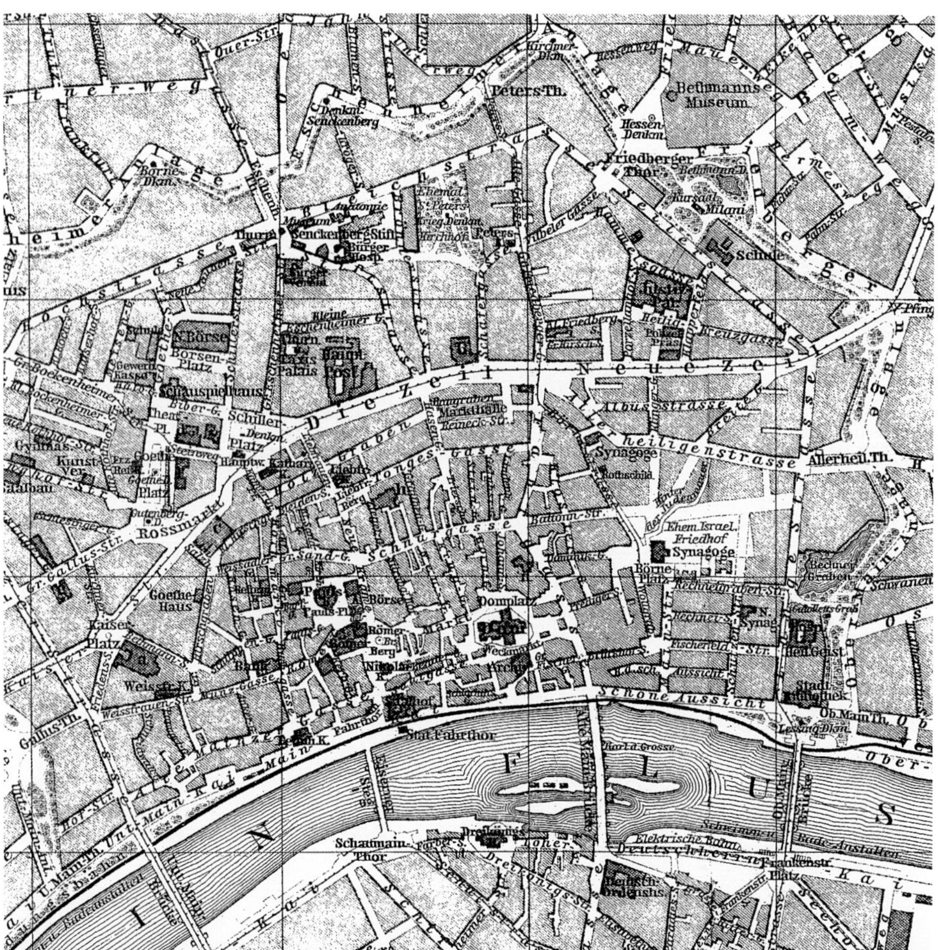

Der Stadtplan von 1892 (aus: Baedeker, Die Rheinlande 1892) dokumentiert nicht nur das zunehmende Ausgreifen der Stadt in die nähere Umgebung, sondern auch die Verlagerung der Verkehrsströme. Neue Brücken sind gebaut worden, ebenso der Sicherheits- und Handelshafen, die Infanterie-Kaserne, der Hauptbahnhof, in den verschiedene Linien münden, die Güterbahnhöfe und die großen Straßen, die vom Hauptbahnhof zur Innenstadt führen.

Ausschnitt des Plans für die Innenstadt, in der alle Straßen und Gassen und wichtigen Gebäude zu finden sind.

anzuschaffen. Nur selten aber mochte man sich über den beschränkten, vollgepfropften und unreinlichen Marktplatz hindrängen. So erinnere ich mich auch, daß ich immer mit Entsetzen vor den daranstoßenden engen und häßlichen Fleischbänken geflohen bin. Der Römerberg war ein desto angenehmerer Spazierplatz. Der Weg nach der neuen Stadt, durch die neue Kräme, war immer aufheiternd und ergötzlich; nur verdroß es uns, daß nicht neben der Liebfrauenkirche eine Straße nach der Zeil zuging und wir immer den großen Umweg durch die Hasengasse oder die Katharinenpforte machen mußten. Was aber die Aufmerksamkeit des Kindes am meisten an sich zog, waren die vielen kleinen Städte in der Stadt, die Festungen in der Festung, die ummauerten Klosterbezirke nämlich, und die aus frühern Jahrhunderten noch übrigen mehr oder minder burgartigen Räume: so der Nürnberger Hof, das Kompostell, das Braunfels, das Stammhaus derer von Stalburg, und mehrere in den spätern Zeiten zu Wohnungen und Gewerbsbenutzungen eingerichtete Festen. Nichts architektonisch Erhebendes war damals in Frankfurt zu sehen: alles deutete auf eine längst vergangene, für Stadt und Gegend sehr unruhige Zeit. Pforten und Türme, welche die Grenze der alten Stadt bezeichneten, dann weiterhin abermals Pforten, Türme, Mauern, Brücken, Wälle, Gräben, womit die neue Stadt umschlossen war, alles sprach noch zu deutlich aus, daß die Notwendigkeit, in unruhigen Zeiten dem Gemeinwesen Schutz zu verschaffen, diese Anstalten hervorgebracht, daß die Plätze, die Straßen, selbst die neuen, breiter und schöner angelegten, alle nur dem Zufall und der Willkür und keinem regelnden Geiste ihren Ursprung zu danken hatten. … So war es eine von unsern liebsten Promenaden, die wir uns des Jahrs ein paar Mal zu verschaffen suchten, inwendig auf dem Gange der Stadtmauer herumzuspazieren. Gärten, Höfe, Hintergebäude ziehen sich bis an den Zwinger heran; man sieht mehreren tausend Menschen in ihre häuslichen, kleinen, abgeschlossenen, verborgenen Zustände. Von dem Putz- und Schaugarten des Reichen zu den Obstgärten des für seinen Nutzen besorgten Bürgers, von da zu Fabriken, Bleichplätzen und ähnlichen Anstalten, ja bis zum Gottesacker selbst – denn eine kleine Welt lag innerhalb des Bezirks der Stadt – ging man an dem mannigfaltigsten, wunderlichsten, mit jedem Schritt sich verändernden Schauspiel vorbei, an dem unsere kindische Neugier sich nicht genug ergötzen konnte.

(Johann Wolfgang von Goethe, Dichtung und Wahrheit. 1. Teil, 1. Buch, Artemis-Gedenkausgabe Band 10, Deutscher Taschenbuch Verlag, München 1977, S. 22–24)

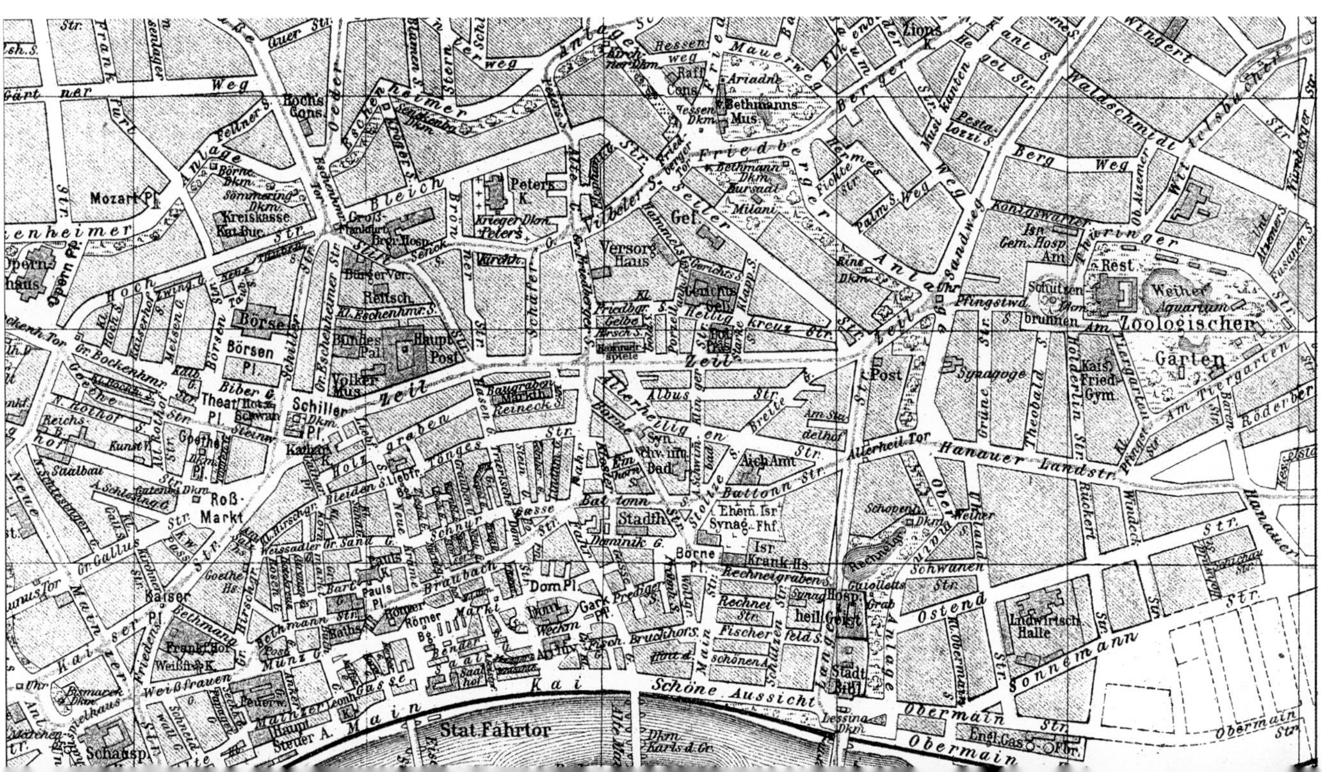

Frankfurt am Main, Innenstadtplan von 1926 (aus: Griebens Reiseführer Bd. 75, Kleiner Führer für die Rheinreise von Köln bis Frankfurt/M, 32. Aufl. Berlin 1926). – Der Plan lässt noch immer die Bereiche von Altstadt mit enger Bebauung und Neustadt mit großzügigeren Strukturen erkennen, ebenso den Verlauf der einstigen Festungsanlagen, über die die Stadt natürlich längst hinausgewachsen ist. Er dokumentiert den Ausbau des Straßennetzes, das ein wesentlich höheres Verkehrsaufkommen bewältigen muss als die historischen Gassen und Straßen. Nicht zuletzt lassen sich viele Einzelbeobachtungen über öffentliche Einrichtungen machen, so beispielsweise zu den Standorten verschiedener Denkmäler: Karls des Großen auf der Alten Mainbrücke, Lessings vor der Obermainbrücke, Schopenhauers in der Obermainanlage, Bethmanns an der Friedberger Anlage, des Hessen-Denkmals am Friedberger Tor, Kirchners in der Eschenheimer Anlage, des Kriegerdenkmals vor der Peterskirche, Schillers auf dem Schillerplatz, Goethes auf dem Goetheplatz, Gutenbergs auf dem Rossmarkt, Bismarcks am Schauspielhaus. In diesen Denkmälern spiegelt sich nicht nur Frankfurter Geschichte, sondern auch das Geschichtsbewusstsein der Frankfurter.

IV. FRANKFURT – BILDER ERZÄHLEN

1. FRÜHE LITHOGRAFIEN

Seit Jahrhunderten gibt es in Form von Gemälden oder Zeichnungen zahlreiche Ansichten von Städten, Gebäuden, Denkmälern. Seit dem 15./16 Jahrhundert erschienen große Kartenwerke als Holz- oder Kupferstiche (Braun-Hogenberg, Merian u. a.), später Stahlstiche und Lithografien. Die Erfindung des Buchdrucks ermöglichte ihre wachsende Verbreitung. Gesehenes konnte festgehalten, Erinnerungen konnten bewahrt und Anschauungen konnten vermittelt werden. Und – nicht zu unterschätzen – es bot sich die Möglichkeit zur Selbstdarstellung.
Die Geschichte der Post- und/oder Ansichtskarte beginnt erst im 19. Jahrhundert mit dem Vorschlag des damaligen preußischen Generalpostmeisters Heinrich von Stephan von 1865, offene Karten mit aufgedruckten Briefmarken auszugeben. Die Umsetzung dieser Idee erforderte eine außerordentliche mentalitätsgeschichtliche Veränderung, denn es war nicht jedermanns Sache, private Nachrichten offen mitzuteilen und jedem Leser zugänglich zu machen. Vier Jahre später führte die österreichische Post die sogenannte Correspondenzkarte ein. In Deutschland unterschrieb Bismarck am 6. Juni 1870 die „Verordnung betr. die Einführung der Correspondenzkarten". Und schon während des Krieges 1870/71 war die Karte für die Soldaten im Feld ein überaus wichtiges Mittel, ihren Angehörigen ein Lebenszeichen zukommen zu lassen. Ab 1872 wurden vor allem im Fremdenverkehrsbereich auch Bild- oder Ansichtskarten mit vielfältigen Motiven angeboten. Gegen Ende des 19. Jahrhunderts kamen in großer Zahl Lithografien auf den Markt. Neben dem eigentlichen Zweck der Nachrichtenübermittlung fungierten sie gleich-

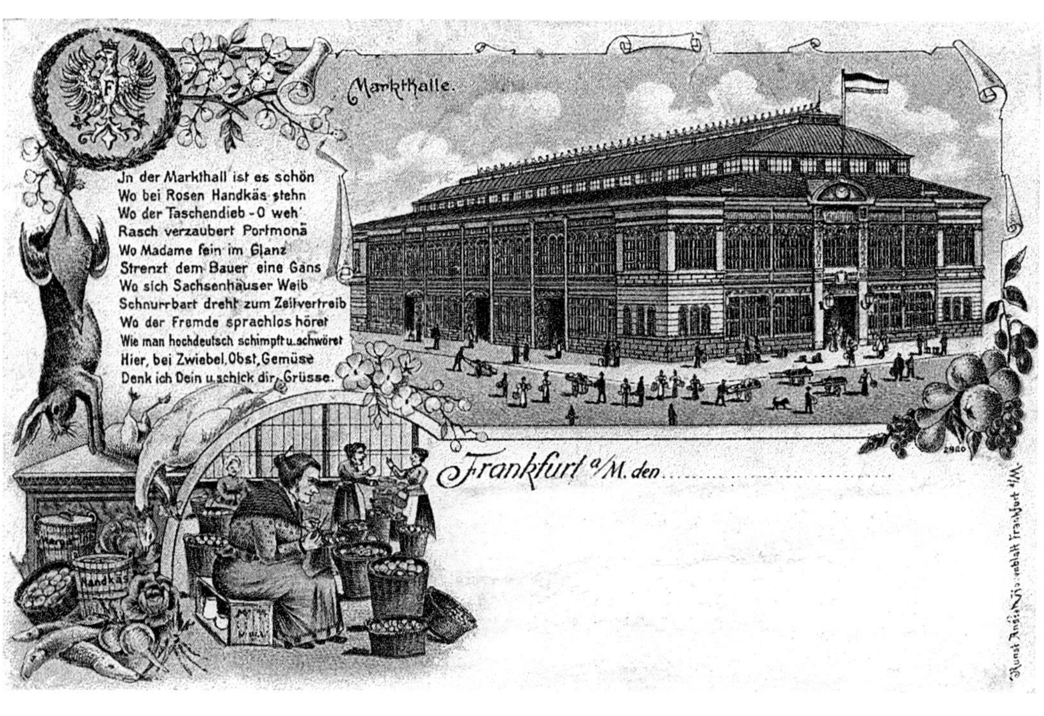

In Frankfurt war man mächtig stolz auf die riesige Markthalle, man widmete ihr um 1895 eine besondere Lithografie. Eröffnet wurde die Halle, eine 117 Meter lange Konstruktion aus Eisen und Glas, 1878 in der Hasengasse. Die Abbildung zeigt nicht nur die Halle selbst, sondern zusätzlich den Frankfurter Adler, einige humorvolle Verse und eine Szene aus dem Leben der Marktfrauen. Außerdem verweist sie auf die angebotenen Waren, auf Obst und Gemüse, auf Hasen, Gänse und Fische, auf Margarine und Handkäs.

Der „GRUSS aus FRANKFURT A/M." vermittelt eine Gesamtansicht der Stadt vom Sachsenhäuser Ufer aus mit den Mainbrücken, der Mainfront und dem wie immer überragenden Dom. Die Aufmerksamkeit des Betrachters wird aber vor allem auf das 1880 vollendete monumentale Opernhaus gelenkt. (Poststempel 1.8.1897)

zeitig als Werbeträger für die Stadt. Es waren gedruckte Karten, die anschließend vielfach koloriert wurden. Sie vermitteln Eindrücke von besonderen Sehenswürdigkeiten oder Denkmälern, schließlich sollen sie das Ansehen der jeweiligen Stadt in alle Welt verbreiten. Diese gezeichneten Karten geben ihre Objekte vielfach sehr genau wieder. Der Siegeszug der Post- und Ansichtskarten war so enorm, dass eine regelrechte Ansichtskartenindustrie entstand, die in Verlagen und lithografischen Kunstanstalten zehntausende von Arbeitsplätzen anbot. Um 1900 produzierten etwa 30 000 Beschäftigte mehr als 750 Millionen Ansichtskarten. Bemerkenswert ist, dass bis 1904 nur die Bildseite beschrieben werden durfte, erst danach wurde die Adressenseite geteilt, damit die linke Seite für Mitteilungen genutzt werden konnte.
Die unzähligen Motive dieser Karten besitzen bis heute erhebliche zeit-, sozial- und kulturgeschichtliche Bedeutung. Beliebte Motive waren öffentliche Gebäude oder

Diese Abbildung zeigt die vielleicht früheste Frankfurter Ansichtskarte – aus den siebziger Jahren des 19. Jahrhunderts, mit der „herzliche Glückwünsche" verschickt werden konnten. Zu sehen sind die Mainufer. Links erkennt man die Leonhardskirche, den Rententurm und natürlich den Dom. Die Untermainbrücke und der Eiserne Steg führen zum Sachsenhäuser Ufer hinüber.

Die Lithografie von 1897 ist stadtgeschichtlichen Ereignissen gewidmet. In der Szene rechts am Mainufer geht es um die sagenhafte Deutung des Stadtnamens mit dem Zweizeiler: „Lasst eine Furt uns suchen, längshin am schönen Main; O weh', da liegt ein Nebel, der Feind ist hinterdrein." Dazu passend erscheint links Karl der Große, gefolgt von einer allegorischen Darstellung „Francofurtia & der Handel", den „Kanonenstöpplern" an der alten Brücke sowie einer Wiedergabe des Dombrands vom 15. August 1867.

Wohn- und Einkaufsstraßen mit prächtigen Villen und aufwendigen Kaufhäusern oder Parkanlagen, Ausflugslokalen und Industrieanlagen. Es waren und sind bis heute Motive, die das Erscheinungsbild einer Stadt prägen und mit deren Hilfe sie sich selbst vorstellen kann. Daher wurden auf den Ansichtskarten meist die Sonnen- oder Schokoladenseiten einer Stadt festgehalten.

Anzumerken bleibt an dieser Stelle, dass die Kultur des Briefeschreibens mit der Einführung der Postkarten und ihren kurzen Texten deutlich zurückging, damit aber auch eine wichtige Form menschlicher Kommunikation. Briefe und Karten kann man aufbewahren und sammeln, damit bleiben auch ihre Mitteilungen verfügbar, während heute mit Telefon und Handy zwar Kommunikation stattfindet, aber per Knopfdruck sind die Gespräche auch schon beendet und hinterlassen nur noch in Form der Telefonrechnung ihre Spuren.

Nicht zu vergessen ist schließlich die Tatsache, dass Karten, Stiche, Pläne, Ansichten, dass allgemein Bilder nicht nur veranschaulichen, dass sie nicht nur schmückendes Beiwerk sind, sondern dass sie als eigenständige Geschichtsquellen einen hohen Erkenntniswert besitzen.

Einen „Herzlichen Glückwunsch zum neuen Jahre" 1897 konnte man mit dieser Lithografie versenden, die eine Mainansicht der Stadt mit dem Dom links und der Dreikönigskirche rechts, ferner zwei Ansichten aus dem Palmengarten, das Gutenberg-Denkmal, die Börse und den Eschenheimer Turm zu bieten hat.

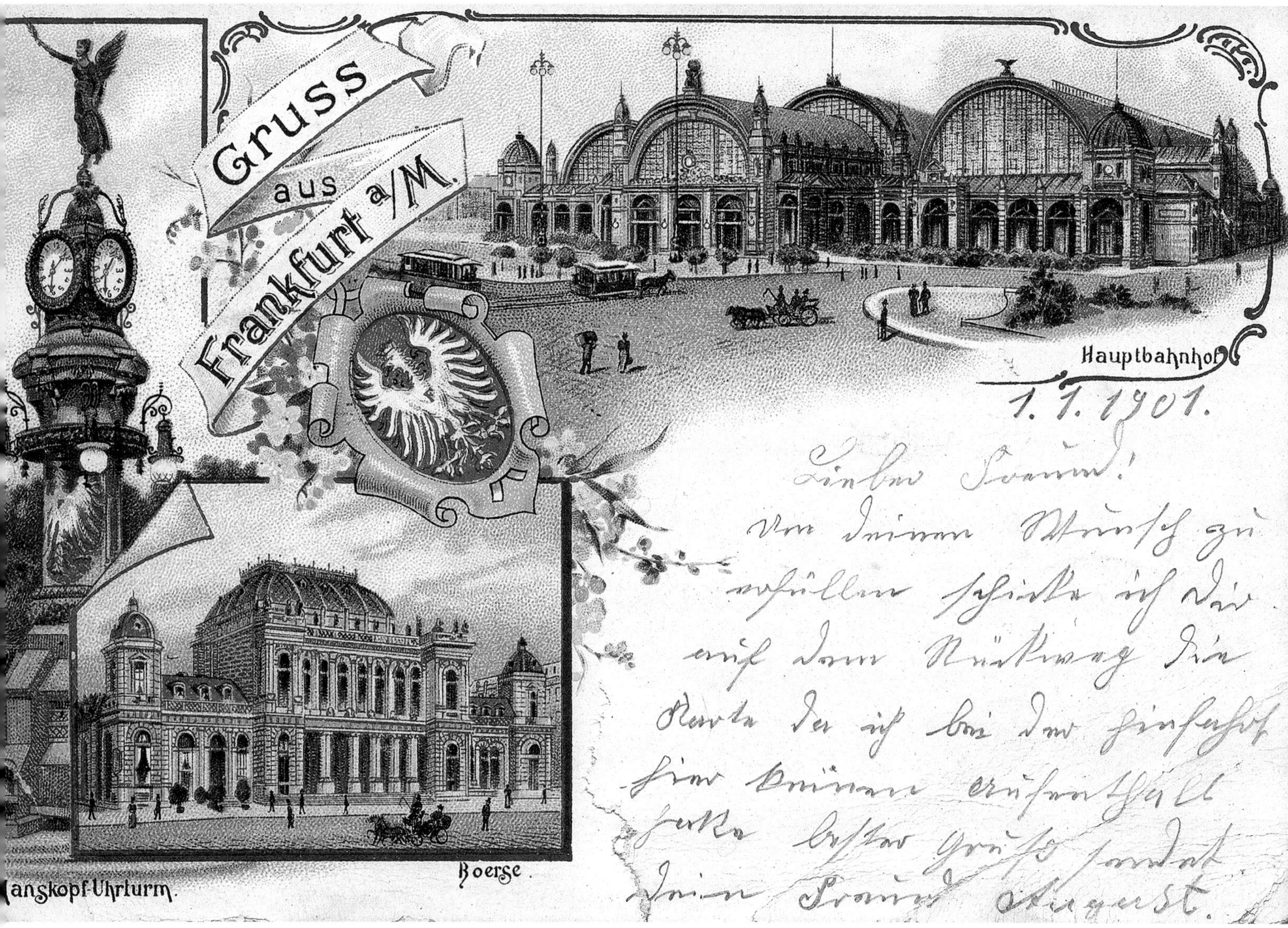

Diese Lithografie mit Darstellungen des Hauptbahnhofs, der Börse, des Manskopf-Uhrturms und des Frankfurter Adlers ging am 1.1.1901 als „Soltadenbrief" (!) an den Hornisten Bauch in der 3. Kompanie des 1. Leib-Grenadier-Regiments Nr. 100 nach Dresden, wo sie am 3.1. eintraf.

2. LUFTAUFNAHMEN

Hervorragende und oft erstaunlich detailgetreue Ansichten aus der Vogelperspektive haben bereits die Kupferstecher oder Holzschneider des 15./16. Jahrhunderts geschaffen, obschon sie noch nicht in die Luft gehen konnten, was ihre Leistungen daher nur umso bewundernswerter macht. Erst mit der Entwicklung der Fotografie und nach dem Bau von Luftschiffen und Flugzeugen begann die große Zeit der Luftaufnahmen. Der Mensch erhob sich jetzt im wahrsten Sinn des Wortes über seine Natur und erlebte die irdische Welt aus einer neuen Perspektive. Diese Entwicklung setzt sich mit Blick auf die Raumfahrt bis heute fort und ist für die Selbsteinschätzung des Menschen von großer Bedeutung. Was er auch schon durch die Besteigung eines Turms oder eines Bergs erfahren konnte, wurde durch die technischen Fortschritte gewaltig gesteigert. Der Mensch stand jetzt über den Dingen, er erhob sich über die irdischen Belange, die er jetzt aus mehr oder weniger großer Distanz erblickte, so dass alle Probleme buchstäblich kleiner wurden und sich scheinbar leichter bewältigen ließen. Eine neue Sicht der Dinge und des Lebens wurde dem Menschen geschenkt. Und so blickte er mit den Luftaufnahmen auch mit anderen Augen auf seine Stadt hinunter.

Der Blick geht aus Richtung Dom nach Westen über die Frankfurter Altstadt (um 1930). Am linken Bildrand überspannen der Eiserne Steg, die Untermainbrücke und der Holbeinsteg den Main. Am Eisernen Steg erkennt man den Saalhof mit dem Rententurm, rechts davon liegt nördlich der Römerberg mit der Nikolaikirche.

Luftaufnahme der Frankfurter Innenstadt nach Osten mit Dom und Main um 1930 – Die unmittelbare Umgebung des Doms zeigt eine auffallend kleinteilige und enge Bebauung, während der Abschnitt zwischen der Alten Brücke und der Obermainbrücke entlang der Schönen Aussicht, der Fischerfeldstraße und des Rechneigrabens deutlich großzügigere Strukturen aufweist. Südlich des Doms ist rechts das Leinwandhaus zu sehen.

Von der Paulskirche aus schweift das Auge über Römerberg und Altstadt nach Osten und wird vom Dom ergriffen. Bezeichnend ist das Häuser- oder Dächermeer der eng bebauten Altstadt. (Poststempel 2.6.1940)

Vom Dom aus kommt nach Westen ein Großteil der Altstadt ins Bild, in dessen Mittelpunkt die Nikolaikirche, die Westseite des Römerbergs, der Römer und rechts die Paulskirche stehen. Unterhalb des Römers ist mit steilem Dach, Zinnen und Ecktürmchen das Steinerne Haus zu erkennen. Nach Westen liegen über dem Römer die Bauten des neuen Rathauses mit dem „Langen Franz", dem Rathausturm. (um 1925)

Ebenfalls vom Dom aus erfasst die Kamera ausschnitthaft die umfangreichen Rathausbauten mit Römer und neuem Rathaus sowie die Paulskirche. Am unteren Rand streckt das Steinerne Haus gerade noch sein Steildach ins Bild. (Poststempel 5.10.1924)

Die Aufnahme (um 1915) zeigt von der Paulskirche aus in Richtung Südosten am unteren Bildrand den Römer und die Nikolaikirche, darüber die Ostseite des Römerbergs (Samstagsberg), die Alte Brücke und die Obermainbrücke. Auf der jenseitigen, der Sachsenhäuser Mainseite steht rechts die neue Dreikönigskirche.

3. RUNDGÄNGE DURCH DAS ALTE FRANKFURT

Diese Rundgänge orientieren sich schwerpunktmäßig an verschiedenen Bereichen der Stadt. Sie erfassen zunächst die Mainfront und wenden sich anschließend dem Domhügel mit seinem Umfeld sowie dem Römerberg mit seiner Umgebung zu. Sie decken damit die Bereiche von Alt- und Neustadt ab. Vom Hauptbahnhof aus geht es zum Palmengarten, dann in einem weiten Bogen, der durch die Anlagen im Bereich der einstigen Festungswerke bestimmt wird, wieder nach Osten und über die Alte Brücke nach Sachsenhausen. Die Abbildungen zeigen zum Teil erhaltene bzw. wiederaufgebaute oder rekonstruierte, stark veränderte und nicht zuletzt leider auch viele untergegangene Bauten, Plätze, Denkmäler und Straßenzüge. Sie dokumentieren eindringlich den städtebaulichen Wandel seit dem Zweiten Weltkrieg. Im Vergleich mit den heutigen Verhältnissen werden aber nicht nur die weitgehenden Veränderungen erkennbar, sondern auch die Schwächen und Sünden von Architekten und Stadtplanern in der Nachkriegszeit.

Natürlich ist jede Stadt, die mit pulsierendem Leben erfüllt ist, einem ständigen Wandel unterworfen, wie es auch in früheren Zeiten schon war. Insofern wird jede Stadt ständig ihr Erscheinungsbild, ihren Charakter verändern. Jede Zeit hat ihre eigenen Ausdrucksformen und Lebensvorstellungen, ihre eigene Deutung von Leben und Welt, ihren eigenen Gestaltungswillen. Dies drückt sich nicht zuletzt in der Architektur aus. Die Vorstellung alter Stadtansichten dient nicht dazu, jedem verlorenen alten Haus nachzutrauern, in Frankfurt müsste man allein mehr als 1 000 vernichteten Fachwerkhäusern nachweinen, es geht vielmehr darum, Verantwortungsgefühl und Respekt vor gewachsenen Strukturen, vor dem Schaffen früherer Generationen zu fördern, ein Gespür für die fachliche Qualität und die damit verbundene Lebensqualität dieser Schöpfungen zu wecken. Nicht zuletzt geht es um das Bewahren der eigenen Identität, der eigenen Wurzeln, die man nicht ohne Not durchtrennen sollte, will man nicht Gefahr laufen, geschichtslos zu werden in einer gesichtslosen Stadt, die ihre individuellen und damit unverwechselbaren Züge verloren hat. Ein Frankfurter sollte wissen wollen, wie er und seine Stadt geworden sind, was sie sind. Und Zugezogene und Besucher sollten wissen, wie die alte Stadt einmal ausgesehen hat, bevor sie im Bombenhagel unterging. Daher sollen an dieser Stelle noch einige allgemeine Anmerkungen mit weiteren Informationen zu den Frankfurter Wohnbauten folgen.

Der Schneidwall um 1810 – Der Stich von Friedrich Ludwig Neubauer nach einer Vorlage von Anton Radl zeigt die südwestliche Ecke der Stadtbefestigung, wie sie bis 1818 bestanden hat. Der Wasserlauf wird ersichtlich zum Antrieb einer Mühle genutzt. Darüber lugt gerade noch der Domturm mit seiner alten Spitze hervor.

Die Frankfurter Altstadt gehörte bis zu ihrer Vernichtung zu den am besten erhaltenen deutschen Innenstädten. Sie war geprägt von einer Vielzahl von Fachwerkbauten, von denen wiederum viele auf steinernen Sockeln standen. Durchgehende Steinhäuser konnten sich bis ins 18. Jahrhundert nur die wirklich reichen Bürger leisten. Als Beispiel kann das im 15. Jahrhundert erbaute Steinerne Haus des Kölner Kaufmanns Johann von Melem (Markt 44) gelten, weshalb man es nach seiner Zerstörung bis 1960 in seiner historischen äußeren Gestalt wiederaufgebaut hat. Der weitaus größte Teil der Bürgerhäuser bestand aus vielfach sehr ansehnlichen Fachwerkbauten. Da der Baugrund in mittelalterlichen Städten sehr begrenzt war, wurde auf schmalen Grundstücken in die Tiefe gebaut, so dass langgestreckte Parzellen entstanden. Und um möglichst viel Wohn- und Nutzraum gewinnen zu können, ließ man die einzelnen Geschosse über die Straße vorkragen, so dass die Häuser in der Höhe fast zusammenwuchsen. Entsprechend eng und dunkel waren die Gassen, in die kaum ein Sonnenstrahl dringen konnte.

Im 18. Jahrhundert gaben sich die wohlhabenderen und gebildeteren Bürger mit diesen Verhältnissen nicht mehr zufrieden. Sie wollten standesgemäße Häuser, die auch repräsentativen Zwecken genügten. Man brauchte Platz für Musikzimmer, für Bibliotheken, für Studierzimmer, für Empfangsräume. Man wollte Freiraum gewinnen, etwa mit der Anlage eines Gartens. Diese Ansprüche wirkten sich selbstverständlich auf die Architektur aus; an die Stelle der

Ansicht des Holzpförtchens 1845 nach Gerhard Malss – Die Abbildung erinnert stark an Spitzweg-Motive, die biedermeierlich geruhsame Verhältnisse widerspiegeln. Dieser Eindruck wird durch die trotz ihrer Bewaffnung alles andere als kriegerisch wirkenden Wächter verstärkt. Und die Wäsche auf der Leine bestätigt noch eine solche Beobachtung.

Das Fahrtor nach einem Ölgemälde von Gerhard Malss von 1846 – Das einstige Tor, das nur wenig mainaufwärts des Holzpförtchens neben dem Saalhof lag, macht zwar noch einen wehrhaften Eindruck, aber die angedeuteten Szenen mit der Korbträgerin, dem lustwandelnden Paar oder den plaudernden Gestalten vermitteln einen friedlicheren Eindruck.

schmalen giebelständigen Häuser traten traufenständige Neubauten mit ausgeprägten Zwerchhäusern. Als bekanntestes Beispiel ist das Goethehaus am Großen Hirschgraben 23 zu nennen.

Vom ausgehenden 18. Jahrhundert bis zur Reichsgründung im 19. Jahrhundert setzte sich in Frankfurt rings um die Altstadt die klassizistische Bauweise durch. Es waren vornehm zurückhaltende, helle Putzbauten mit klarer Gliederung und ausgewogenen Proportionen, von denen sich nur wenige erhalten haben.

Mit der Reichsgründung 1871 setzte sich auch in Frankfurt der Historismus durch, der in einer beispiellosen Formenvielfalt schwelgte, alle überkommenen Stilformen übernahm und miteinander vermengte. Dieser Stilpluralismus und auch die damit verbundene Materialsichtigkeit wurden bis vor wenigen Jahren kaum geschätzt. Inzwischen hat sich das Blatt längst gewendet, und man sieht auch in neugotischen oder neuromanischen oder neubarocken Bauten des 19. Jahrhunderts durchaus eigenständige Schöpfungen.

Bis zum Ersten Weltkrieg bauten sich die reichen Frankfurter jenseits der Ringstraße auf großzügigen Grundstücken ihre prächtigen Villen mit luxuriösen Ausstattungen. Danach setzte sich die Neue Sachlichkeit im Bauen durch, und neue Werkstoffe wie Stahl, Beton, Glas wurden bestimmend – eine Entwicklung, die bis heute anhält.

A) DIE MAINFRONT

Das mittelalterliche Erscheinungsbild der Frankfurter Mainfront ist durch die vorgestellten Pläne bereits dokumentiert. Einige Ansichten aus der ersten Hälfte des 19. Jahrhunderts sollen eine Vorstellung davon vermitteln, wie stark damals noch mittelalterliche Verhältnisse bestanden, die natürlich auch das Leben der Menschen mitprägten. Daran anschließend folgen Aufnahmen, die den Vorkriegszustand wiedergeben.

Diese Totalansicht von 1900 erlaubt zahlreiche Beobachtungen, die mit den Schienen der Verbindungsbahn und mit der Flussbadeanstalt im Vordergrund beginnen. Es folgen die Untermainbrücke, der Eiserne Steg und die Alte Brücke. Links auf dem rechten Mainufer erkennt man Leonhardskirche, Saalhof und Dom, und rechts steht auf der linken Mainseite die neue Dreikönigskirche in Sachsenhausen.

Das Mainufer mit dem Saalhof und der Alten Brücke nach einem Stich von C. Lindemann um 1840 zeigt trotz aller vermeintlichen Betriebsamkeit mit Schiffen und Fuhrwerken ein eher beschauliches Leben, denn die dargestellten Menschen sind eher in Gespräche als in Arbeit vertieft.

Die Frankfurter Mainfront von Südwesten um 1920 mit Rathausturm, Paulskirche, Leonhardskirche, Nikolaikirche, Saalhof, Eisernem Steg und Dom – Vor dem Steg ist eine Flussbadeanstalt verankert.

Diese Abbildung von etwa 1935 ist gleichzeitig ein Zeitdokument, denn die Nationalsozialisten hatten die Untermainbrücke in Adolf-Hitler-Brücke umbenannt. Hinter der Brücke sind von links Rathaus, Paulskirche, Leonhardskirche, Nikolaikirche, die Spitze des Rententurms und der Dom zu sehen.

Der Mainkai erscheint um 1935 mit Leonhardskirche, Nikolaikirche, Rententurm, Saalhof und Dom.

Leonhardskirche um 1935 – Die Ansicht von Südosten zeigt mit Chor, Chorflankentürmen und Langhaus die drei wichtigsten Bauabschnitte.

Engelbertustür in der Leonhardskirche aus der Zeit um 1220 – Das romanische Portal zeigt im Tympanon Christus mit Maria und Johannes, Petrus und Georg. Der Bildhauer, Meister Engelbert (Signatur am Thron), hat sich wohl von älteren Arbeiten in der Gelnhausener Peterskirche und vom Kreuzgangsportal des Bonner Münsters inspirieren lassen.

Inneres der Leonhardskirche nach Osten um 1935 – Das Langhaus erscheint als mächtige Halle, die in den seitlichen Schiffen von Emporen umgeben ist. Die Sandsteinkanzel stammt vom Anfang des 16. Jahrhunderts.

Die am 10.11.1912 geschriebene Karte zeigt nicht nur Bauarbeiten im Vordergrund, sondern auch den Eisernen Steg, den Saalhof und den Dom.

St. Leonhard

Die katholische Pfarrkirche am Untermainkai wurde als fünfschiffiger Bau mit einer dreischiffigen Halle und niedrigeren äußeren Seitenschiffen errichtet. Die romanischen Chorflankentürme von etwa 1220 blieben beim Neubau erhalten. Der Langchor, wahrscheinlich von Madern Gerthener geplant, gilt als ein besonders qualitätsvolles spätgotisches Bauwerk. Die Geschichte der Kirche begann 1219 als Kapelle St. Maria und Georg. Nach dem Erwerb der Reliquien des hl. Leonhard 1323 kam es zur Umbenennung. Der Neubau des Chors mit seinen berühmten hängenden Gewölben erfolgte um 1425 bis 1434, die nördlich angebaute heutige Sakristei stammt von 1455. Die Umgestaltung zum fünfschiffigen Bauwerk vollzog sich zwischen 1500 und 1520. Da die Lage der Kirche immer wieder zu Problemen mit dem Hochwasser des Mains führte, musste der Fußboden bei der Restaurierung von 1807–11 um einen knappen Meter höher gelegt werden.

links:
Schlussstein im Salvatorchor der Leonhardskirche um 1935 – Der Stein wurde 1508 von der Familie Holzhausen gestiftet. Das hängende Gewölbe, das aus zwei Rippensystemen besteht, stellte besondere Anforderungen an die Baumeister und Maurer der Spätgotik.

Der südliche Treppenaufgang zum Eisernen Steg, der sich zwischen Rathausturm und Domturm zeigt, belegt, dass die Eisenkonstruktion als Fußgängerbrücke geplant und gebaut wurde. (um 1925)

Eiserner Steg

Johann Peter Wilhelm Schmick lieferte die Pläne für diese bemerkenswerte Mainbrücke, die 1868/69 entstand und als erste Hängebrücke aus genietetem Eisenfachwerk und damit als ein bedeutendes Werk des Zeitalters der Industrialisierung und des technischen Fortschritts gilt.

Rententurm

Der mit dem Saalhof verbundene, viergeschossige Rententurm entstand Mitte des 15. Jahrhunderts und wurde von Eberhard Friedeberger errichtet, der in der gleichen Zeit auch das um 1840 abgetragene Fahrtor erbaute. Ein Treppenturm schmiegt sich an der nördlichen Seite an den Bau, der einen Spitzhelm mit auskragenden Wichhäuschen trägt. Ein Steinrelief von 1455 zeigt den Reichsadler. Die Aufschüttung des Geländes 1840 hat dem Turm drei Meter seiner einstigen Höhe genommen und damit natürlich auch die Proportionen verschoben.

Mainfront am Eisernen Steg um 1925 – Im Vordergrund gerät soeben noch eine Flussbadeanstalt ins Bild. Darüber präsentiert sich der Mainkai zwischen Leonhardskirche und Saalhof, überragt von den Türmen des Rathauses, der Paulskirche und der Nikolaikirche.

Hier stand einst das Fahrtor, durch das man zum Römerberg gelangte. Am rechten Bildrand erscheinen der Rententurm und der Saalhof.

SEN
HB
CAFE
CONDITORI
EIS

Saalhof mit Rententurm um 1880 – Die Aufnahme setzt das historische Gebäude eindrucksvoll in Szene.

Saalhof

Der einstige Saalhof am Mainufer beherbergt heute das Historische Museum der Stadt Frankfurt. Hier standen einmal die karolingische Pfalz, später die staufische Königspfalz oder der Amtssitz des Burgvogts. Das gegen Ende des 13. Jahrhunderts als Reichslehen vergebene Anwesen gelangte 1333 in bürgerliche Hände und erlebte in den folgenden Jahrhunderten mancherlei Umbauten. Nach der Zerstörung im Zweiten Weltkrieg wurde der Saalhof als bestimmender Gebäudekomplex am Mainufer bis 1970 wiederaufgebaut. Die Südostecke des Saalhofes schützte einst ein außergewöhnlich starker Turm, der an adlige Stadttürme erinnert haben muss. Beträchtliche Mauerreste sind im heutigen Mainflügel erhalten geblieben, den 1842 Rudolf Burnitz in neuromanischen Formen erbaute, weshalb er Burnitzbau heißt. Östlich des Wehrturms schließt sich der romanische Kapellenbau von 1208 an, der im Untergeschoss staufische Buckelquader zeigt. Zu dem großen Baukomplex gehört schließlich noch der barocke Bernusbau, den Pater Bernhard Kirn 1715–17 im Auftrag der Brüder Bernus errichtete, ein dreigeschossiger Bau mit betonter Fensterarchitektur und hohen Zwerchhäusern, der den Rententurm umfasst.

Alte Mainbrücke

Die erste Nachricht über eine feste, steinerne Brücke über den Main stammt aus dem Jahr 1222. Es ist jedoch davon auszugehen, dass es in früheren Zeiten bereits hölzerne Brücken gegeben hat. Die natürlichen Gegebenheiten des Flusses mit Strömung und Hochwasser sowie der nicht gerade widerstandsfähige Mergelboden auf dem Flussgrund und natürlich die hohen Kosten für eine sichere Steinbrücke haben die Bauarbeiten immer wieder beeinträchtigt und verzögert, worüber etliche Nachrichten aus dem 13. und 14. Jahrhundert vorliegen.
Die Brücke war in frühen Zeiten 300 Meter lang und dreieinhalb Meter breit. Sie war geschmückt mit einem Standbild Karls des Großen von 1843 sowie mit einem Wahrzeichen Frankfurts, nämlich mit dem „Brickegickel“ (Brückengockel), einem vergoldeten Hahn. 1401 hatten die Frankfurter ein Kruzifix auf den mittleren Brücken-

bogen gestellt, um die Fahrrinne zu kennzeichnen. Auf der Spitze des Kreuzes thronte als Symbol der Wachsamkeit der erwähnte „Brickegickel", der die Schiffer zu größter Konzentration beim Passieren der Brücke anhalten sollte, aber auch an den Verrat des Apostels Petrus erinnerte. Weil an dieser Stelle auch Hinrichtungen (Tod durch Ertränken) durchgeführt wurden, erhielt das Kreuz den Namen Sühnekreuz. Es verhieß den Verurteilten göttliche Gnade und Vergebung, während der Hahn sie zu Sühne und Reue ermahnte. Mit diesem Hahn verbindet sich eine Sage über den betrogenen oder überlisteten Teufel, wie man sie zu unzähligen weiteren Gebäuden findet. Die Brüder Grimm haben in ihren Deutschen Sagen die bemerkenswerte Geschichte über die Alte Brücke festgehalten:

Die Sachsenhäuser Brücke zu Frankfurt

In der Mitte der Sachsenhäuser Brücke sind zwei Bogen oben zum Teil nur mit Holz zugelegt, damit dies in Kriegszeiten weggenommen und die Verbindung leicht, ohne etwas zu sprengen, gehemmt werden kann. Davon gibt es folgende Sage: Der Baumeister hatte sich verbindlich gemacht, die Brücke bis zu einer bestimmten Zeit zu vollenden. Als diese herannahte, sah er, dass es unmöglich war, und wie nur noch zwei Tage übrig waren, rief er in der Angst den Teufel an und bat um seinen Beistand. Der Teufel erschien und erbot sich, die Brücke in der letzten Nacht fertig zu bauen, wenn ihm der Baumeister dafür das erste lebendige Wesen, das darüber ging, überliefern wollte. Der Vertrag wurde geschlossen, und der Teufel baute in der letzten Nacht, ohne dass ein Menschenauge in der Finsternis sehen konnte, wie es zuging, die Brücke ganz richtig fertig. Als nun der erste Morgen anbrach, kam der Baumeister und trieb einen Hahn über die Brücke vor sich her und überlieferte ihn dem Teufel. Dieser aber hatte eine menschliche Seele gewollt, und wie er sich so betrogen sah, packte er zornig den Hahn, zerriss ihn und warf ihn durch die Brücke, wovon die zwei Löcher entstanden sind, die bis auf den heutigen Tag nicht können zugemauert werden, weil alles in der Nacht wieder zusammenfällt, was tags daran gearbeitet ist. Ein goldner Hahn auf einer Eisenstange steht aber noch jetzt zum Wahrzeichen auf der Brücke.

(Deutsche Sagen, hrsg. von den Brüdern Grimm, Band I u. II, Düsseldorf u. Zürich 2002, Nr. 186, S. 208 f.)

Inneres der Saalhofkapelle nach einer Aufnahme von Carl Abt von 1915 – Die Kapelle ist der letzte erhaltene Teil der einstigen Königspfalz und damit wohl das älteste Bauwerk Frankfurts, entstanden vor 1200, vielleicht um 1175. Zu sehen ist der östliche, apsisförmige Altarraum, gegliedert mit schlanken Säulen und romanischen Rundbögen und versehen mit einem Kreuzrippengewölbe.

Die Brücke schuf einen Übergang von einem zum anderen Ufer, sie lockte Menschen an, Reisende, Händler, Soldaten, Gesindel, Räuber usw. Um die Verbindung notfalls unterbrechen zu können, hatte man stellenweise den schon genannten Brückenbelag aus Holzbohlen belassen, die rasch entfernt werden konnten. Diese Stellen wurden erst im späten 16. Jahrhundert zugemauert.
Auf der Brücke, die außerhalb der Stadtmauern lag, galt ein bestimmtes Recht, Brückenfreiheit genannt. Die Brückentore wurden abends wie die Stadttore geschlossen, so dass nachts also niemand die Brücke passieren konnte. Auf der Brücke galt die Friedenspflicht, niemand durfte sich also zu einem Streit hinreißen lassen, wenn er harte Strafen vermeiden wollte. Abbildungen aus dem 17. Jahrhundert illustrieren auf drastische Weise, dass dem Schuldigen die frevelnde Hand abgehackt wurde.
Dem Schutz der Brücke dienten auch die ehemaligen Brückentürme. Der Sachsenhäuser Turm wurde aber schon

Alte Brücke, Mainkai und Dom nach einer Aufnahme von Hermann Collischonn von 1910 – Am rechten Bildrand ist die Statue Karls des Großen zu sehen.

Die Aufnahme zeigt von Osten die Alte Brücke mit der Brückenmühle um 1910, eingerahmt von den Türmen der Dreikönigskirche und des Doms. Im Vordergrund ist im Main das „Damen Schwimm Bad" von E. Kayser verankert. Nicht überlesen sollte man die Verse über die sagenhafte Gründung Frankfurts.

Frankfurt a. M. **Die Gründung Frankfurts.** Von Osten gesehen.

Der Kaiser Karl war reterirt
Als er der Sachsen Faust gespiert.

Am Mää ehrscht hat er Halt gemacht
Un hat sei Frankeheer betracht.

Un stehnt: „Der Mää gefiel merr sehr,
Des hääst, sobald ich driwwer weer."

Un wie er dastann, ganz verzagt,
Da kam e Herschkuh aagejagt.

Hippt in den Mää voll Seelenruh
Un schwimmt dem annern Ufer zu.

Da rief der Kaiser feierlich:
„Die Kuh, des Oos, kann mehr als ich!"

Hat dann sei Hose uffgescherzt
Un gleichfalls sich in Mää gesterzt.

Sei ganz Armee folgt hinnedrei,
Dann so e Dorchgang leucht err ei.

Un wie se glicklich driwwe war
Kam aagerickt der Sachse Schaar.

Doch fanne die die Furt net mehr,
Un hauste drum am Ufer sehr.

Da sprach der Kaiser: „Heert mei Wort:
Frankfurt hääst kinfdig dieser Ort.

Dann weer die Furt hie net im Mää,
Merr weern de Katze, gross un klää."

A. St.

Alte Brücke mit Brückenmühle und Domturm um 1920 – Die Wasserkraft des Mains wurde, wie bereits auf anderen Abbildungen zu sehen, an mehreren Stellen für unterschlächtige Mühlen genutzt. Die im Bild wiedergegebene Flussmühle war die letzte, die ihre Arbeit verrichtete. Sie erscheint in dem Zustand, wie sie nach ihrer Zerstörung von 1813 wiederaufgebaut worden war.

1765 abgerissen, der Frankfurter Turm folgte 1801. An diesem Turm waren die Köpfe der 1616 hingerichteten Rädelsführer des „Fettmilch-Aufstands“ und ein noch 1709 erneuertes Spottgemälde auf die Juden zu sehen.

Ehemalige Stadtbibliothek

Die einstige Stadtbibliothek an der Schönen Aussicht 2, ein repräsentatives Bauwerk, wurde 1820–25 nach Plänen von Johann Friedrich Christian Hess als wohlproportioniertes klassizistisches Bauwerk errichtet, und zwar in

Ansicht der Obermainbrücke von Südwesten mit der Bibliothek links um 1910

Im Bild erscheinen die Häuser der Schönen Aussicht und der stolze Bibliotheksbau, vor dem das Lessing-Denkmal Gustav Kauperts von 1882 stand, das 1961 in die Obermainanlage versetzt wurde. (um 1920)

städtebaulich herausragender Lage, die durch die auf die Bibliothek zuführende Obermainbrücke noch verstärkt wurde. Der Krieg hinterließ nur den mächtigen Portikus mit seinen sechs korinthischen Säulen und seinem Tympanon. Ein rekonstruierender Wiederaufbau erfolgte erst 2004/05.

B) DER DOMHÜGEL UND SEIN UMFELD

Dom

Die ehemalige Stifts- und Pfarrkirche St. Bartholomäus, schon im Mittelalter als Dom bezeichnet, wurde 1356 durch die Bestimmungen der Goldenen Bulle zur Wahlstätte der deutschen Herrscher bestimmt, die seit 1562 hier auch gekrönt wurden. Heute zeigt sich der Dom in gotischer und neugotischer Gestalt als dreischiffige Hallenkirche mit ausgeprägtem Querhaus und dominierendem Westturm. Das einheitliche Erscheinungsbild verbirgt eine vielgestaltige Entstehungsgeschichte, die in der 2. Hälfte des 7. Jahrhunderts mit einem kleinen rechteckigen Bau von 11 Metern Länge begann, mit der Kapelle des merowingischen Königshofs. An ihre Stelle trat um 790 eine Saalkirche mit 18 Metern Länge, die wohl Karl dem Großen als Pfalzkapelle diente. Unter Ludwig dem Deutschen folgte eine dreischiffige Basilika, die 852 eingeweihte Salvatorkirche. Größere Erneuerungsarbeiten waren in der 1. Hälfte des 13. Jahrhunderts erforderlich.

links:
Der Frankfurter Dom von Westen nach einer Aufnahme von C. F. Mylius von 1860 – Die ursprünglichen Pläne für den Turmabschluss waren aufgegeben worden, und man hatte nur einen kuppelartigen Abschluss gesetzt, in dem der Turmwächter wohnte. Bis zum Dombrand 1867 blieb dieses Erscheinungsbild bestehen.

oben:
Ansicht des Doms von Süden, umgeben von alten Verkaufsständen – Die Zusicherung, der Dom sei von J. F. Morgenstern 1813 nach der Natur gezeichnet und gemalt worden, ist nicht ganz zutreffend, denn den Turm sieht man von Süden, das Querschiff eher von Südwesten, d. h. die Perspektive stimmt nicht.

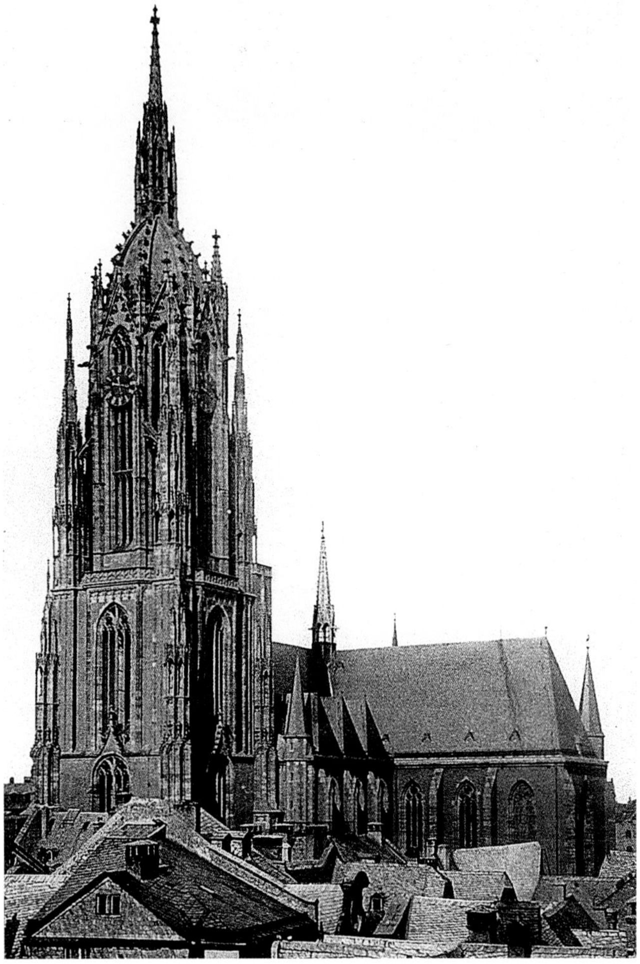

In der Nacht vom 14. zum 15. Juli 1867 brannte der Dom nieder. Die anschließenden Wiederaufbau-, Restaurierungs- und Umbaumaßnahmen führten auch zur Vollendung des Turmes nach den alten Plänen Madern Gertheners. Die Abbildung von ca. 1880 zeigt den Dom nach Abschluss der Bauarbeiten, wie er machtvoll mit seinen Schiffen und erst recht mit dem stolzen Turm die Dächer der Stadt überragt. Dieser mächtige Turm sollte die Wahl- und Krönungsstadt Frankfurt in besonderem Maße auszeichnen.

Ansicht des Doms von Nordwesten um 1925 – Zwischen Langhaus und Querschiff sind die Reste des Domkreuzganges und die Turmvorhalle zu sehen. Der Kreuzgang reichte einmal bis zur Fluchtlinie des Turmes, wurde aber nach dem Brand zum Teil abgetragen, um die Wirkung des Turmes zu steigern. Der Freilegung des Doms fielen damals auch weitere Häuser der Höllgasse und des Alten Marktes zum Opfer.

Da man die erst kurz zuvor erworbenen Reliquien des hl. Bartholomäus in der Kirche unterbringen wollte, erhielt sie bei der neuen Weihe 1239 auch gleich dessen Namen. Zwischen 1250 und 1270 kam es zum Neubau des dreijochigen Langhauses in Gestalt einer dreischiffigen Halle. Durchgreifende Umbauten erfolgten im 19. Jahrhundert, bei denen nur der Unterbau der gotischen Außenwände erhalten blieb. Ab 1315 errichtete man den dreijochigen hochgotischen Chor mit einem 5/8-Abschluss, der 1349 geweiht werden konnte und zu beiden Seiten größere Anbauten erhielt, auf der Nordseite die Marienkapelle und die Sakristei mit darüberliegendem Kapitelsaal, auf der Südseite die 1355 erbaute Magdalenenkapelle, die heutige Christi-Grab-Kapelle, sowie die etwa 1425–1438 aufgeführte Wahlkapelle. Nach Abbruch des alten Querhauses kam es Mitte des 14. Jahrhunderts zum Neubau des auffallend ausladenden Querschiffs mit vierjochigen Querarmen, die dem Dom den Grundriss eines fast gleichschenkligen Kreuzes bescherten. Das zweigeteilte, reich verzierte Nordportal diente als Haupteingang. Nachdem die karolingischen Türme niedergelegt worden waren, begann 1415 der Bau des Westturms oder Pfarrturms, an dem ein Jahrhundert lang verschiedene Baumeister mit unterschiedlichen Plänen beteiligt waren, der aber dennoch unvollendet blieb. Den provisorischen, leicht gewölbten Abschluss nannten die Frankfurter abwertend „Schlafmütze". – Nach der Brandkatastrophe von 1867 kam es zwischen 1869 und 1880 unter Dombaumeister Franz Joseph Ritter von Denzinger zu weitreichenden Restaurierungen und Umgestaltungen. Das Langhaus erhielt jetzt

Südportal des Doms aus der Zeit um 1350 von Meister Antze – Dargestellt ist unter der Kreuzigung die Anbetung der Heiligen Drei Könige. Sie sind auf dem Bild links von der Gottesmutter zu sehen, auf deren rechter Seite sich Josef, der Apostel Petrus und der Prophet Jesaja anschließen. Die Skulpturen darüber stellen links den hl. Bartholomäus und rechts Karl den Großen dar. In den kreisförmigen Segmenten sind Abraham und Melchisedek als Vorboten Christi zu sehen.

die gleiche Höhe wie Querschiffe und Chor, der Westturm wurde nach den ursprünglichen Plänen Madern Gertheners vollendet und erreichte eine Höhe von 95 Metern. Außerdem erhielt der Dom eine einheitliche neugotische Ausmalung. Die Entwürfe zu den Historienbildern stammten von Eduard Jakob von Steinle, die Architektur- und Ornamentmalereien von Alexander Linnemann.

links: Blick in den Chorraum des Doms um 1935 – Nach dem Brand von 1867 erhielt der Dom zwischen 1882 und 1890 eine einheitliche Ausmalung mit Historienbildern sowie mit Ornamenten und Architekturmalerei. Im Chorraum allerdings ist nach einer Stiftung von 1427 die Bartholomäuslegende dargestellt, die 1856 und 1952 restauriert wurde.

rechts: Kaiserwahlkapelle im Dom um 1935 – Die kleine Kapelle an der südlichen Chorseite wurde zwischen 1420 und 1430 als Bibliothek des Stifts erbaut, diente aber 1438 bei Albrecht II. als Wahlort und behielt diese Funktion auch in der Folgezeit. Der Mainzer Erzbischof betrat bei einer Wahl zuerst die Kapelle und rief dann die Kurfürsten einzeln zur Stimmabgabe auf. Er selbst gab als letzter seine Stimme ab und entschied somit bei Stimmengleichheit als siebter Kurfürst die Wahl, deren Ergebnis im Dom feierlich verkündet wurde.

Haus Zur Goldenen Waage am Alten Markt

Die beiden Häuser Colmann und „Zur Alten Hölle“ wurden im 15. Jahrhundert zusammengelegt. Für das neue Anwesen war seit dem 16. Jahrhundert die Bezeichnung „Zur Goldenen Waage“ gebräuchlich. Über dem massiven Erdgeschoss erhoben sich zwei vorkragende Fachwerkgeschosse und das ebenfalls zweigeschossige Dach mit seinem Fachwerkgiebel zum Markt. Das Untergeschoss war mit seinen roten Sandsteinquadern architektonisch besonders durchgebildet. Auffallend waren insbesondere die hohen Bogenfenster, die als Schaufenster für den dahinter liegenden Laden dienten, der ursprünglich aus einem großen Gewölbe bestand, das erst später unterteilt wurde. Auf dem Dach befand sich eine bemerkenswerte Dachlaube, die einen großartigen Blick auf den Dom und seine Umgebung bot. Solche Anlagen waren sehr beliebt in Frankfurt, hier konnte man sich buchstäblich über die Geschäfte und die Betriebsamkeit des Alltags erheben und allein oder im Kreis der Familie Erholung suchen oder auch Feste veranstalten. Das Erscheinungsbild der „Goldenen Waage“ wurde anfangs beeinträchtigt durch die seitlich stehenden Häuser der engen Höllgasse. Erst nach deren Abbruch kam das schöne Bauwerk voll zur Geltung, unterstützt noch durch den jetzt ebenfalls freien Durchblick auf den Dom.

links: Buchstäblich zu Füßen des Doms steht das Haus Zur Goldenen Waage, dessen reich gestalteter Fachwerkgiebel ins Bild ragt. (um 1915)

rechts: Die Goldene Waage am Markt 5 war ein Renaissance-Bau von 1624, der 1899 zu Museumszwecken umgebaut wurde und zum Historischen Museum gehörte, eingerichtet als Bürgerhaus der Zeit um 1700. Hinter dem Haus führte ein Treppenturm zu einer Sommerlaube, zu einem der in Frankfurt einst so beliebten Belvederchen hinauf, das auf der Karte eigens wiedergegeben wird. (Poststempel 16.8.1910)

Leinwandhaus und Stadtwaage

Das Ende des 14. Jahrhunderts wahrscheinlich von Madern Gerthener ursprünglich als Stadtwaage erbaute gotische Leinwandhaus am Weckmarkt 5 mit seinen bestimmenden großen Zugängen, mit der typischen Fensterfront, dem Fries unterhalb des Wehrgangs, mit den Ecktürmchen und dem dreigeschossigen steilen Walmdach diente schon ab 1399 dem Leinwandhandel und erfüllte später auch weitere Aufgaben als Getreidespeicher und Warenlager, als Stadtschreiberei, Gefängnis und Folterstätte, als Aufenthaltsort für Geisteskranke und als reformierte Kirche. Ende des 18. Jahrhunderts wurden Läden eingerichtet, und es fand in diesen historischen Mauern die Ledermesse statt. Wenig später quartierte man typhuskranke französische Soldaten ein, dann die Zollverwaltung, und von 1857–89 tagte hier das Schwurgericht, ehe bis 1892 die Umwandlung zum städtischen Museum erfolgte. Im Krieg wurde das Haus bis auf Teile der Außenmauern zerstört und erst 1980/81 rekonstruiert. Die Stadtwaage entstand 1502 an der Stelle der ältesten Synagoge, die seit 1462 nicht mehr genutzt wurde, nachdem man die Juden zum Wollgraben zwangsumgesiedelt hatte. Die Gebühreneinnahmen der Stadtwaage waren den städtischen Finanzbehörden natürlich höchst willkommen. Die großen Räumlichkeiten nutzte man bis Mitte des 19. Jahrhunderts als Stadtwaage und Fruchtspeicher. Dann zog von 1845–73 das Historische Archiv in den oberen Saal. Im folgenden Jahr (1874) wurde das Haus abgebrochen und ein neuer Archivbau errichtet. Im Mittelbau, der mit seinem Giebel zur Straße zeigt, befand sich einst das Amt, das für Warentransporte zuständig war.

Die Aufnahme von etwa 1925 gestattet einen Blick in die Große Stube der Goldenen Waage und vermittelt einen anschaulichen Eindruck von der Wohnkultur reicher Bürger der Zeit um 1700.

Leinwandhaus rechts und Stadtwaage nach einer Aufnahme von Carl Friedrich Mylius von 1873. Ein Jahr später wurde die Stadtwaage niedergelegt.

Garküchenplatz um 1915 – Links ist die einstige Mehlwaage zu sehen. Im Hintergrund steht mit seinen Ecktürmchen das Haus „Fürsteneck", und die kleinen Häuschen rechts bargen einmal die Garküchen, also eine Art Schnellimbiss, wie man heute vielleicht sagen könnte.

Garküchenplatz

Dieser Platz am Dom konnte während des 19. Jahrhunderts sein Erscheinungsbild weitgehend unverändert erhalten. Entstanden ist er erst im 14. Jahrhundert nach dem Brand von 1349, dem das erste Frankfurter Rathaus und viele Häuser zum Opfer fielen, vor allem die des Judenquartiers, das sich damals von der Fahrgasse hinter den Garküchen bis zur Stadtwaage und zum Leinwandhaus und weiter durch die Saalgasse bis zum Heiligen-Geist-Brunnen erstreckte. Die Juden mussten 1462 die Gegend verlassen und erhielten Grundstücke an der Judengasse, der späteren Börnestraße. Auf einem Teil des verwüsteten Geländes entstand schließlich der Garküchenplatz, der ab 1573 eine Pflasterung und die namengebenden Garküchen erhielt. Ursprünglich waren es vier Küchen, die 1732 verkauft und zu Wohnungen und Läden umgestaltet wurden. Auf dem Garküchenplatz befand sich ab 1813 an der Kirchhofmauer auch noch der Fischmarkt.

Mehlwaage auf dem Garküchenplatz

Das frei stehende Gebäude auf dem Platz, 1438 erbaut und 1715 neu errichtet, barg einst die Mehl- und Malzwaage. Das Erdgeschoss diente zeitweise aber auch als Wachtstube oder bot kleinen Läden Platz. Im oberen Geschoss befanden sich das Schuldgefängnis und die Wohnung des Aufsehers. Mit steilem Dach und Ecktürmchen sieht man seitwärts das „Fürsteneck", einen stattlichen Bau in der südlichen Fahrgasse, der wohl Anfang des 15. Jahrhunderts erbaut wurde, dessen Name aber erst seit Beginn des 17. Jahrhunderts überliefert ist. Er war erst in adligem Besitz, gelangte aber wenig später in bürgerliche Hände.

Die Mehlwaage auf dem Garküchenplatz um 1900 – Auf der Abbildung wird die Zeit der Pferdedroschken und -fuhrwerke wieder lebendig, und die Menschen hatten offensichtlich Zeit genug, die Hantierungen des Fotografen zu verfolgen. Rechts im Hintergrund erscheint wieder das Haus „Fürsteneck".

Blick aus östlicher Richtung über den Garküchenplatz mit der alten Mehlwaage rechts und den ehemaligen Garküchen am Dom um 1910

Kannengießergasse

Die Gasse führte einst zum Dom hin oder auch vom Domplatz weg. Nach den Drechslern, die im 14. Jahrhundert hier wohnten und arbeiteten, hieß sie erst Dressel- oder Dresselergasse, bis die Kannengießer einzogen. An der Ecke zum Domplatz stand das Haus „Zum Kleinen Appenheimer", auch Lutherhaus genannt, das einen auffallenden, mehrstöckigen Erker besaß. Seitlich des Erkers war rechts in Höhe des ersten Stocks ein Stein mit einem Lutherbild eingelassen. Die Überlieferung, Luther habe hier zu seinen Anhängern gesprochen, ist allerdings historisch nicht haltbar. – Links gegenüber stand über dem großen Torbogen das „Pforthaus" des Haynerhofs.

An der Domstraße erheben sich Bauten aus dem 19. Jahrhundert, zum Teil in Fachwerkbauweise mit gotischen und renaissancezeitlichen Stilelementen, die bemüht sind, sich in ihrem Charakter den Häusern der nahen Altstadt anzupassen. (um 1930)

Blick vom Domplatz in die Kannengießergasse mit dem Haynerhof links und dem sogenannten Lutherhaus rechts. (Poststempel 24.9.1938)

Blick aus der Kannengießergasse zum Dom – Am Ende der stattlichen Häuserreihen steht links mit der unverkennbaren Schieferverkleidung das „Lutherhaus". (Poststempel 11.9.1927)

Saalgasse oder Heiliggeistgasse

Nach der Errichtung des Heilig-Geist-Hospitals im Jahr 1280 erhielt die Gasse den Namen Heiliggeistgasse. Daraus wurde im 15. Jahrhundert die Glesergasse (Glasergasse), dann die Saalhofgasse und schließlich 1698 die Saalgasse. Die mit einem Brunnen geschmückte platzähnliche Verbreiterung erhielt wegen der dortigen Brothallen und Brottische den Namen Weck- oder Brotmarkt. Die Gasse reichte bis zum Fahrtor. Hinter dem Heiliggeistbrunnen stand das einstige Hl.-Geist-Eck, wohl nach der Inschrift über dem Eingang „Zum heiligen Geist" (1752). Die Bäcker wurden von den Metzgern abgelöst, die aber zu ihren Kollegen in der Bendergasse zogen und ihre Verkaufsstände an Fischhändler weitergaben (1581), die aber wegen ihrer „anrüchigen" Ware schon bald zum Garküchenplatz umziehen mussten.

Blick in die Saalgasse nach Osten um 1910 – Die Gasse macht mit Bürgersteig und Pflasterung einen gepflegten Eindruck.

Saalgasse mit Heilig-Geist-Brunnen und Domblick – Auf der südlichen Seite des kleinen Platzes lag das Heilig-Geist-Spital, das samt Kirche 1840 abgebrochen wurde. Das Giebelhaus rechts hieß Zum Hl. Geist und wurde Mitte des 18. Jahrhunderts erbaut. Das Haus auf der linken Seite, einst Scharnhaus, später Drei Fische genannt, erbaut im 16. und umgebaut im 18. Jahrhundert, war 1771/72 im Besitz eines Metzgers, für den Goethe erfolgreich seinen ersten Prozess führte. Im Erdgeschoss ist der Durchgang zur Bendergasse zu sehen. Das kleinere Eckhaus in der Mitte steht auf dem Gelände der mittelalterlichen „Brodhalle“, der städtischen Verkaufsstelle für Brot. (Poststempel 30.8.1927)

Auf dieser zeitgenössischen Darstellung ist der Abbruch des Heilig-Geist-Spitals und der Kirche im Jahr 1840 zu sehen.

Ansicht des Löwenplätzchens mit dem Löwenbrunnen an der Fahrgasse anno 1913 – Bis 1598 hieß der Brunnen Grabborn, weil der Stadtgraben in der Nähe lag. Nach seiner Erneuerung hieß er Löwenbrunnen. 1781 wurde er umgebaut zu einem Pumpbrunnen. Die krönende Löwenplastik schuf Johann Leonhard Aufmuth. Einmal mehr ist auf dieser Abbildung ein Brunnen bzw. eine Pumpe zu sehen. Solche Einrichtungen waren in Zeiten fehlender Wasserleitungen natürlich von geradezu lebenswichtiger Bedeutung, aber sie dienten auch als besondere Kommunikationsstätten der jeweiligen Nachbarn.

An der Großen Fischergasse stand mit der Häusergruppe am Roseneck ein besonders malerischer Winkel der Altstadt, der mancherlei Umgestaltungen über sich ergehen lassen musste, wie die Abbildungen belegen. Noch ist in der Bildmitte das offene Fachwerk zu sehen, während die anderen Bauten verputzt bzw. verschiefert sind. – Benannt wurde das Plätzchen nach dem Gasthaus Zum Roseneck rechts. (um 1920)

Das Roseneckplätzchen mit dem Freithofbrunnen nach einer Aufnahme von Carl Abt von 1904 – Der Brunnen wurde 1895 vom Hühnermarkt hierher versetzt, weil man dort das Stoltze-Denkmal aufstellte. Er diente bis 1759 als Ziehbrunnen und wurde dann zum Pumpbrunnen umgestaltet. Eine Allegorie der Freiheit thront auf dem Pfeiler.

Roseneck:
oben rechts: Aus etwa gleichem Blickwinkel fallen die Veränderungen gleich ins Auge. Das Fachwerk ist verschwunden, die Wandflächen sind mit passenden Malereien geschmückt worden. (Poststempel 9.8.1940)

Mitte: Unmittelbar hinter dem Roseneckplätzchen bot sich um 1905 in der Großen Fischergasse diese Ansicht, die aus einer schon fast fernen Welt zu stammen scheint. Zusätzlich zu den neugierigen Zuschauern und zu dem mit Bierfässern beladenen und mit Brauereipferden bespannten Fuhrwerk erscheint in der Bildmitte die Restauration von Heinrich Schmidt mit Namen „Zur Stadt Darmstadt".

unten: Blick in die Brückhofstraße mit ihrem Brunnen von 1812 nach einer Aufnahme von Hermann Collischonn von 1925 – Die Straße hat ihren Namen nach dem einst an der Fahrgasse gelegenen Brückhof, also nach dem Hof an der Brücke. Bis zum 17. Jahrhundert lag dieses Gebiet außerhalb der Stadtmauern. Hier gingen die Fischer ihrem Gewerbe nach, hier lagerte in Messezeiten das fahrende Volk. Erst Ende des 18. Jahrhunderts begann die Bebauung des inzwischen in die Befestigungen einbezogenen Bereichs. Die Straßen waren gerade, breit und rechtwinklig angelegt, die Häuser präsentieren sich überaus stattlich, aber auch vornehm zurückhaltend. Eine etwas aufwendigere Fassade im Louis-Seize-Stil zeigt lediglich das Haus rechts am Bildrand.

Die Judengasse nach Süden nach einer Aufnahme von Carl Friedrich Mylius um 1870 – Im Bild erscheint der südliche Abschnitt der Gasse, die trotz mehrfacher Brände und Wiederaufbauarbeiten ihr enges Erscheinungsbild mit hohen, schmalen Häusern bewahrt hat. Ursprünglich war die Judengasse durch drei Tore zu sichern oder abzusperren, die erst 1808 beseitigt wurden. Ab 1811 durften die Juden wieder außerhalb ihres Ghettos wohnen. Die westliche Seite der Judengasse wurde 1874, die östliche 1885 abgerissen. Anschließend erhielt die Gasse den Namen Börnestraße, nach dem 1786 hier geborenen Ludwig Börne.

Judengasse

Auf Veranlassung Kaiser Friedrichs III. mussten die Juden das eigentliche Stadtgebiet verlassen und sich außerhalb der damaligen Stadtmauer ansiedeln. Der Rat bestimmte dafür das Gelände am Wollgraben. Kurz nach der Mitte des 15. Jahrhunderts wurden dort die ersten Häuser bezogen. Grund und Boden blieben allerdings Eigentum der Stadt, und die Juden hatten für ihre Wohnungen Miete zu entrichten. Erst später durften sie selbst Eigentum erwerben. Die Judengasse erstreckte sich zunächst vom Dominikanerkloster bis zur Bornheimer Pforte. Bebaut wurde nur die Ostseite der Gasse, durch eine Mauer abgegrenzt von der Allerheiligengasse. Erst in der 2. Hälfte des 16. Jahrhunderts war eine Vergrößerung erforderlich. Gab es 1536 noch 58 Häuser, waren es bis 1612 bereits 195 (111 auf der West- und 84 auf der Ostseite) und 1711 schon 207 Häuser (115 auf der West- und 92 auf der Ostseite). Diese Gasse, in der früher die Juden wie in einem Ghetto leben mussten, wurde des Nachts sowie an Sonntagen durch Tore verschlossen, um die Christen vor den Juden oder wohl eher die Juden vor den Christen zu schützen und um die christlichen Kirchgänger nicht zu behelligen. Nach den großen Bränden 1711, 1721 und 1796 führte man zwar immer wieder größere Wiederaufbaumaßnahmen durch, aber das Ende der Judengasse nahte. Es mehrten sich die Baulücken, schließlich wurden 1874 die letzten Häuser auf der westlichen Seite abgerissen, denen bis 1885 die noch verbliebenen Häuser der östlichen Seite folgten. Nach dem Abriss dieser Gasse entstanden große Neubauten. Die Juden selbst wohnten fortan über die Stadt verteilt, bildeten aber weiterhin ein prägendes Element im Leben der Stadt.

Das Stammhaus der Familie Rothschild um 1910 in der Börnestraße 26 – Bis zu seiner Vernichtung im Krieg war dieses Haus das letzte Beispiel der Häuser aus der vormaligen Judengasse. Es sah mit seiner Schieferverkleidung recht unscheinbar aus. Nach seiner Umsetzung in die Fluchtlinie der Neubauten hat man diese Verkleidung bis auf den Giebel entfernt und das darunterliegende Fachwerk freigelegt, womit das Gebäude ein sehr viel gefälligeres Aussehen erhielt. In diesem Haus Zum Rothen Schild wurde 1743 Mayer Amschel Rothschild geboren, der es 1780 auch kaufte.

Stammhaus der Familie Rothschild

In der Judengasse, der späteren Börnestraße, stand das 1711 errichtete Stammhaus der später weltbekannt gewordenen Bankiersfamilie Rothschild. Hier wurde 1743 Mayer Amschel Rothschild, der Begründer des Unternehmens, geboren. 1885 drohte der Abriss des Hauses, doch die Familie konnte die Fassade und das Haus in seiner ursprünglichen Form unter bedeutendem Aufwand in die Fluchtlinie der neuen Bauten zurücklegen. Es überlebte nur bis zum 2. Weltkrieg.

Rotes Haus am Alten Markt

Das um 1500 errichtete Haus steht auf Holzsäulen, die einen Durchgang zu den Tuchgaden boten. Von hier aus ging es auch zur Langen Schirn. Schon vom Vorgängerbau ist Mitte des 14. Jahrhunderts überliefert, über den Tuchgaden und Fleischschirnen zu stehen. Der offene Bereich barg die Metzgerschirnen, also offene Verkaufsstände für Fleisch und natürlich für „Frankfurter Würstchen". In dieser Schirn hat schon Goethes Mutter ihre Fleisch- und Wurstwaren eingekauft. Von den einstmals weit über hundert Schirnen der Altstadt war sie die letzte, die bis zum Krieg erhalten geblieben war.

Rotes Haus am Markt mit Metzgerschirnen um 1925 – Es war ein stattlicher Bau, vor allem, wenn man berücksichtigt, dass er nur auf wenigen Holzsäulen steht. In der offenen Halle befanden sich die Metzgerschirnen.

Rotes Haus am Markt um 1910 – Die Aufnahme zeigt die offenen Verkaufsstände und belegt, dass nicht nur Fleisch und Würstchen, sondern auch Backwaren verkauft wurden.

Rotes Haus am Markt Ecke Lange Schirn um 1910 – Zu sehen sind nicht nur die Schirne und die gaffenden Passanten, die Aufnahme vermittelt gleichzeitig einen Eindruck von der Enge der alten Frankfurter Gassen, die Verbindungen zwischen den größeren Straßen herstellten.

Lange Schirn um 1915 – Die stimmungsvolle Abbildung zeigt mit der Langen Schirn eine wichtige Gasse im Metzgerviertel.

Ein Durchgang am Roten Haus führte zum Tuchgaden, einer weiteren engen Gasse, in der die Frankfurter Tuchhändler ansässig waren. (um 1925)

Hinter dem Lämmchen

Parallel zum Markt verlief nördlich zwischen Nürnberger Hof und Hühnermarkt die Gasse Hinter dem Lämmchen, in der einige der bedeutendsten Frankfurter Fachwerkhäuser standen: Zum Goldenen Lämmchen, Zum Mohrenkopf, Zum Nürnberger Hof beispielsweise.

Hinter dem Lämmchen nach Westen nach einer Aufnahme von Carl Abt von 1910 – Das Haus auf der linken Seite mit der spätgotischen Hausmadonna hieß Zum Lämmchen und wurde zum Namengeber der Gasse.

Hinter dem Lämmchen um 1915, wohl mit dem Zugang zum Nürnberger Hof – Der Betrachter, der dieses Bild auf sich einwirken lässt, erhält eine Vorstellung vom Leben der Menschen hinter und zwischen diesen Mauern, die vielleicht nicht nur im konkreten, äußeren Sinn eine enge Welt darstellten. Aber diese Enge hat auch immer wieder Nachbarschaft und Mitmenschlichkeit gefördert.

Alter Hof hinter dem Lämmchen um 1925 – Die Ansicht vermittelt den Eindruck eines gepflegten Anwesens. Renaissancesäulen tragen die hölzernen Galerien, die dem Innenhof des großen Gebäudes einen besonderen Reiz verleihen.

Haus Zum Großen Engel

Es stand an der Ecke Römerberg, der hier Samstagsberg heißt, und Alter Markt. Seinen Namen hatte es bereits im 14. Jahrhundert nach dem großen geschnitzten Engel un-

Erkerkonsole des Hauses Zum Großen Engel an der Ecke Alter Markt und Römerberg um 1935 – Im Mittelpunkt der reich mit Ornamenten, Früchten, Masken und Symbolen geschmückten Erkerkonsole steht der namengebende große Engel, auf dessen Schriftband zu lesen war: „Diese Behausung stehet in Gottes Hand, zum Engel ist sie genandt. AN. MDLXII". Leider haben weder Gott noch der Engel das Haus vor der Vernichtung bewahrt.

ter dem Erker erhalten. Nachdem es im 15. Jahrhundert zu einem der drei vom Rat genehmigten Wechselhäuser geworden war, hieß es nur „die Wechsel".

Blick vom Römerberg über den Alten Markt zum Dom um 1915 – Im Bild ist die wichtigste Ost-West-Verbindung des alten Frankfurt zu sehen, die vom Dom zum Römerberg verlief. Die ehemalige Kramgasse, die erst im 16. Jahrhundert zur Unterscheidung von der Neuen Kräme zum Alten Markt befördert wurde, war das Zentrum des Wochenmarktbetriebes. Vor allem aber zogen die neu gekrönten Kaiser durch diese Gasse vom Dom zum Römerberg. Vorne rechts steht, dominiert von einem viergeschossigen Erker, das Haus Zum Großen Engel, das nach der Jahreszahl auf der Erkerkonsole auf 1562 zu datieren ist. Es zeigt den typischen Aufbau eines Frankfurter Fachwerkhauses und dokumentiert in seiner Formensprache das Nachleben der Gotik.

C) DER RÖMERBERG UND SEIN UMFELD

Der Ausschnitt aus dem Merian-Stich von 1628 zeigt das Erscheinungsbild des Römerbergs mit den Rathausbauten links, dem Gerechtigkeitsbrunnen in der Platzmitte, der Ostzeile und der Nikolaikirche auf der Südseite. Am unteren Bildrand erscheinen noch Holzpforte, Fahrtor und der Rententurm mit dem Saalhof sowie der Main.

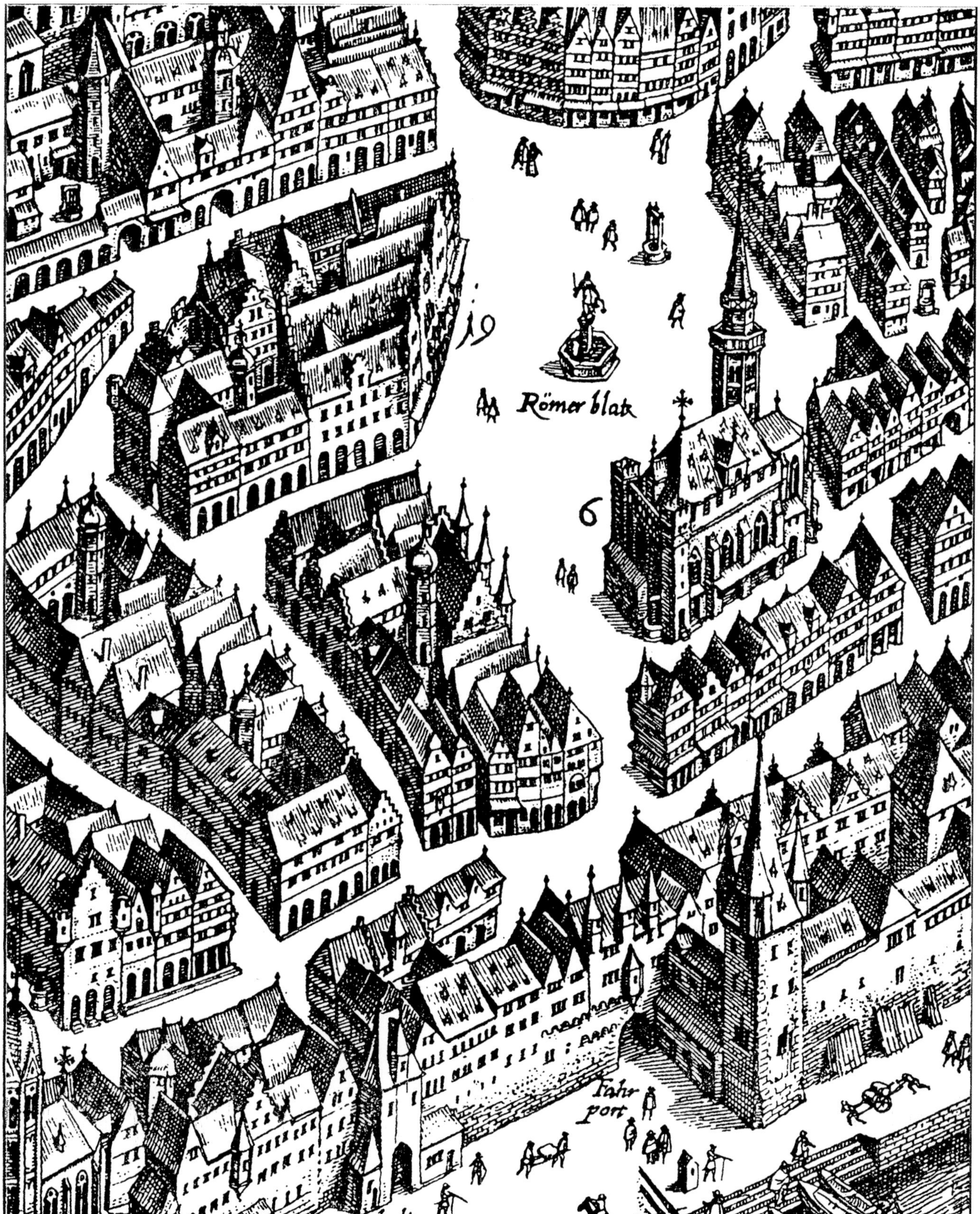

Römerberg

Mit Römerberg wird der Bereich zwischen Fahrtor im Süden und Braubachstraße im Norden bezeichnet, benannt nach dem Haus Römer, dem Rathaus, auf der westlichen Seite. Eigentlich dürfte nur der westliche Teil Römerberg genannt werden, denn der östliche trägt den Namen Samstagsberg. In mittelalterlicher Zeit gehörte das Gebiet zum Vorgelände der Kaiserpfalz und durfte anfangs nicht bebaut werden. Hier wurden Reichsbeschlüsse verkündet, Turniere durchgeführt oder Messen, Krönungsfeierlichkeiten und andere große Veranstaltungen organisiert, und nicht zuletzt fanden an diesem Ort öffentliche Hinrichtungen statt. Neben dem Rathaus hat man zwischen 1981 und 1986 die aus sieben Häusern bestehende Ostzeile des Römerbergs, der hier, wie bemerkt, Samstagsberg heißt, wiederaufgebaut, um wenigstens einen Teil der einstigen guten Stube Frankfurts zurückzugewinnen. Es handelt sich um die Häuser Großer Engel (Nr. 28), Goldener Greif (Nr. 26), Wilder Mann (Nr. 24), Kleiner Dachsberg/Schlüssel (Nr. 22, 20), Großer Laubenberg (Nr. 18) und Kleiner Laubenberg (Nr. 16). Weitere Pläne in dieser Richtung sind gefasst und warten auf ihre Verwirklichung.

In perspektivischer Verzerrung präsentiert sich der Römerberg mit dem Steinernen Haus unten rechts und den Rathausbauten oben links als Schauplatz einer Messe. Zahlreiche Warenstände, die man vielleicht eher als Buden bezeichnen könnte, locken Gaffer, Händler und Käufer an. Der Kupferstich stammt aus dem Buch „Wahrhafter und Eigentlicher Schau-Platz Der Weit berühmten Franckfurter Meß“ von Johann Albrecht Jormann, erschienen in Frankfurt 1696.

Römerberg mit Rathaus und Nikolaikirche nach Zeichnung und Stich von F. W. Delkeskamp um 1840

Bevor alte Ansichten des Rathauses und des Römerbergs folgen, wird ganz bewusst eine Aufnahme vorgezogen, die einen erschütternden Eindruck von der Vernichtung des Römerbergs und seiner Umgebung vermittelt. Man möchte es nicht glauben, dass die Frankfurter Innenstadt 1947 einen derartigen Anblick bot. Links steht noch die Nikolaikirche, in der Mitte sind die schwer beschädigten Rathausbauten zu sehen, rechts reckt sich der Turm der ausgebrannten Paulskirche mahnend in den Himmel.

Blick über den Römerberg nach Süden zur Nikolaikirche um 1920 – Links neben der Kirche steht das Haus Zum Schwarzen Stern, ein reich gestaltetes Fachwerkhaus auf steinernem Sockel.

Die Aufnahme zeigt die Nordseite des Römerbergs und die ersten Häuser der Ostzeile sowie den Gerechtigkeitsbrunnen. – Die Häuser des Römerbergs besaßen auffallend viele Fenster, was sich die Eigentümer zu Messe- oder Krönungszeiten oder zu anderen festlichen Anlässen zunutze machten, indem sie an schaulustige Besucher eben diese Fensterplätze vermieteten und auf diese Weise beträchtliche Einnahmen verbuchen konnten. Aus alten Rechnungen lässt sich ersehen, dass beispielsweise das Haus Römerberg bei den Krönungsfeierlichkeiten 1790 stolze 5453 Gulden einbrachte. (Poststempel 5.9.1912)

Ansicht der vom Dom überragten Ostseite des Römerbergs einschließlich des Hauses Zum Schwarzen Stern rechts um 1935 – Dieses Haus wurde um 1600 errichtet und war ein besonders schönes Beispiel Frankfurter Fachwerkbaukunst jener Zeit. Die zahlreichen Fenster sind samt und sonders dem Römerberg zugewandt und wurden zu besonderen Anlässen an Schaulustige vermietet. Ein Fenster erbrachte zeitweise 100 Dukaten. Bei vier Dutzend Fenstern ohne Erd- und Dachgeschoss konnte also ein bemerkenswerter Nebenverdienst erzielt werden.

Blick auf die Ostzeile des Römerbergs mit dem Durchgang zum Markt und zum Dom – An der Ecke rechts steht das bereits vorgestellte Haus Zum Großen Engel. (Poststempel 12.8.1917)

Alte Nikolaikirche

Die evangelische Kirche bildet eine eindrucksvolle südliche Begrenzung des Römerbergs. Sie präsentiert sich als zweischiffige Hallenkirche. Geweiht wurde sie 1290, umgebaut in der 2. Hälfte des 15. Jahrhunderts und von 1530–1719 als Getreidespeicher und Warenlager missbraucht. Seit den unmittelbar danach erfolgten Restaurierungen nutzte man sie ab 1721 wieder als Kirche. 1813 wurde sie erneut zu einem Warenlager und zur Aufnahme der Messebuden bestimmt. 1847 übernahmen dann wieder die Lutheraner die Kirche. Damals erhielt sie einen gusseisernen Turmhelm, und J. Mössinger malte das Innere aus. 1902 musste der Helm jedoch abgetragen werden, und der Turm blieb lange ohne seine himmelwärts strebende Spitze. Vom Balkon bzw. Laufgang unterhalb des Daches, geschaffen 1466–67 von Hans Lich, verfolgten einst die Ratsherren die Turniere, Festspiele, Krönungsfeierlichkeiten oder andere Spektakel auf dem Römerberg.

Gerechtigkeitsbrunnen

Die Brunnenanlage auf dem Römerberg, der erste Springbrunnen der Stadt, ausgeführt bereits 1541–43 von Stadtbaumeister Benedikt Loscher, wurde 1611 von Johann Hocheisen umgestaltet. Bei der Erneuerung 1887 tauschte man die aus Sandstein gefertigten Skulpturen gegen Bronzefiguren aus. Den Sockel zieren Reliefs mit Verkörperungen der Tugend, und weibliche Gestalten dienen als Wasserspeier. Auf der Spitze des Brunnenstocks steht Justitia selbst und zeigt ihre typischen Attribute: die Waage als Symbol des Abwägens von Schuld und Unschuld und das Schwert als Symbol der Macht über Leben und Tod.

Nikolaikirche auf dem Römerberg um 1935 – Das Erscheinungsbild der Kirche erinnert an andere Frankfurter Bauten wie das Steinerne Haus oder das Leinwandhaus. Nach links schließen sich die Häuser Zum Schwarzen Stern, Kleiner Laubenberg, Großer Laubenberg und Kleiner Dachsberg an. Der Gerechtigkeitsbrunnen in der Platzmitte von 1611 stammt von Johann Hocheisen.

Der Gerechtigkeitsbrunnen auf dem Römerberg um 1925 – Auf dem Pfeiler steht die Allegorie der Justitia, die in diesem Fall ohne Augenbinde auskommt. Zu ihren Füßen sind Sirenen auszumachen. Darunter befinden sich die Reliefs der Tugenden (Caritas, Spes, Temperantia und Justitia bzw. Nächstenliebe, Hoffnung, Mäßigung und Gerechtigkeit). Die ursprünglich steinernen Figuren und Reliefs wurden 1887 in Bronze gegossen. Alexander Linnemann schmiedete gleichzeitig das einfassende Gitter.

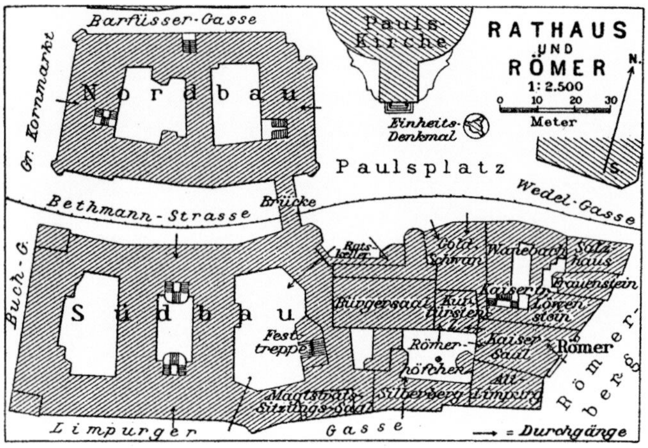

Römer

Das berühmte Frankfurter Rathaus auf dem Römerberg gehört zu den wenigen historischen Bauten der Stadt, die nach dem Zweiten Weltkrieg weitgehend original wiederaufgebaut wurden. Es besteht aus einem großen Gebäudekomplex aus ursprünglich elf Bürgerhäusern, die vom 15. bis 19. Jahrhundert zusammengeschlossen und 1908 um einen großzügigen Neubau erweitert wurden. Trotz seiner Bedeutung als Wahl-, Krönungs- und Messestadt hatte Frankfurt sich keinen großen und repräsentativen Rathausbau geleistet. Das erste Rathaus, das am Dom lag und vermutlich Teil der einstigen Königspfalz war, musste dem geplanten Pfarr- oder Domturm weichen. Daher erwarb die Stadt 1405 das gotische Haus Römer mit seinem bestimmenden Staffelgiebel, 1322 erstmals erwähnt (Römerberg 21), dessen Besitzer Römer hieß, sowie das zugehörige Haus Goldener Schwan (Paulsplatz 3). Den sich anschließenden Umbaumaßnahmen sind in den Erdgeschossen die zweischiffigen Kaufhallen und Messehallen zu verdanken, die bis 1846 ihren Zweck erfüllten. Darüber liegt im Haus Römer der mit den Bildnissen zahlreicher deutscher Kaiser geschmückte Kaisersaal, in dem die feierlichen Krönungsbankette stattfanden.

Erst seit 1878 gehört das links vom Römer stehende Haus Laderam oder Haus Alt-Limpurg (Römerberg 19) der Stadt. Das 1336 erstmals genannte Anwesen hatte im 14. Jahrhundert zwei Besitzer und wurde durch eine Giebelwand getrennt. Der Flügel an der Limpurger Gasse hieß Silberberg und bestand aus einem massiven Erd- oder Sockelgeschoss sowie zwei Fachwerkgeschossen. Nach der Zusammenlegung war das Haus ab 1495 für einige Jahrhunderte im Besitz der Gesellschaft Alt-Limpurg, daher sein Name. – Zu Messezeiten wurde das Haus von den Wollenwebern aus Gelnhausen und später aus Wesel genutzt.

Rathaus und Römer, Lageplan – Die Zeichnung veranschaulicht die Lage der einzelnen Gebäudekomplexe des Rathauses mit den fünf Häusern am Römerberg, den sich anschließenden Bauten Wanebach und Goldener Schwan sowie Silberberg. Sehr viel repräsentativer erscheint westlich der große Erweiterungsbau. (aus: Baedeker, Die Rheinlande, 1931)

Der Römer nach einer Aufnahme von Carl Friedrich Mylius von 1867 – Die schlichten Fassaden sind noch ohne den neugotischen Schmuck. Links ist gerade noch die Turmspitze der Paulskirche zu sehen.

Der Römer um 1885 – Der Anblick ist erschreckend, denn die Zeichen des Verfalls sind unübersehbar, so dass eine umfassende Restaurierung dringend erforderlich war.

Der Römer erstrahlt im Glanz seiner Wiederherstellung und im vollen Schmuck der neugotischen Zutaten von 1896/97. Die Aufnahme muss kurz nach Beendigung der Wiederherstellungsmaßnahmen entstanden sein, denn die Karte trägt den Poststempel vom 9.10.1899.

Es wurde nach Kriegszerstörungen wiederaufgebaut. Im Hof ist ein qualitätsvolles Treppenhaus zu sehen. Der 1627 errichtete, mit einer Haube gedeckte Rundbau zeichnet sich durch seine schlanken Pfeiler, Treppenwangen und Gesimse aus. Außerdem steht in diesem Römerhöfchen der Herkulesbrunnen mit einer Bronzeskulptur, die 1904 von Josef Kowarzik geschaffen wurde.

Das sich rechts an das Haus Römer anschließende, 1342 genannte Haus Löwenstein (Römerberg 23) kam 1596 in den Besitz der Stadt. Nach Kriegszerstörung ist nur die

Der Römer aus südlicher Richtung – Die Dreigiebelfront zeigt ihre neu gestalteten Fassaden. Nur wenige Menschen sind auf dem Römerberg unterwegs, selbst vor dem Möbel-, Betten- und Spiegelhaus ganz links herrscht Ruhe. (Poststempel 6.7.1906)

dreistöckige Steinfassade mit ihrem Treppengiebel wiederaufgebaut worden. Das Haus gehörte im 14. Jahrhundert Konrad Weiss von Limpurg gen. zu Löwenstein und war im 15. Jahrhundert zeitweilig an die patrizische „Stubengesellschaft auf Löwenstein“ vermietet.
Zum Rathauskomplex gehörte auch das ebenfalls seit 1596 der Stadt gehörende Haus Wanebach, das im Krieg zerstört wurde. Es barg im Hofflügel die 1741 erbaute Kaiserstiege neben der Römerhalle, von der nur das Portal samt Treppe und Geländer übrig geblieben sind.
Die Dreigiebelfront, die aus Haus Altlimpurg, Haus Römer und Haus Löwenstein gebildet wird, besaß ursprünglich ein sehr schlichtes Aussehen. Der heutige neugotische Fassadenschmuck mit Statuen und Balkon wurde erst 1896/97 durch Maximilian Meckel hinzugefügt. Die Skulpturen zeigen die Kaiser Friedrich Barbarossa, Ludwig den Bayern, Karl IV. und Maximilian II. Darüber sind Stadt- und Reichsadler zu sehen. Die Wappenschilder auf den Konsolen des Balkons erinnern an Frankfurts Beziehungen zu seinen Nachbarn, etwa zu Reichsstädten oder Rheinstädten. Darüber erscheinen die Wappen bedeutender Ratsfamilien. Die Schilde am Haus Löwenstein kündeten von acht Vertretern des Stadtadels. Eine weitere Figur am Haus Limpurg ist als „Franconovurdia“, als Verkörperung Frankfurts zu deuten.
Der vielgestaltige Rathauskomplex aus alten Patrizierhäusern genügte Ende des 19. Jahrhunderts den Anforderungen der gewaltig gewachsenen Stadt nicht mehr, so dass zwischen 1900 und 1908 nach Westen ein mächtiger, repräsentativer Erweiterungsbau angefügt wurde, zu dem Franz von Hoven und Ludwig Franz Michael von Neher die Pläne lieferten. In der typischen Formensprache der Zeit zeichnete sich dieser Bau nicht nur durch seine Größe, sondern auch durch seine Stilvielfalt aus. Einen besonderen Akzent setzte der hohe gotisierende Turm, dem die Frankfurter den Spitznamen „Langer Franz“ verpassten, weil hier das Amtszimmer des ungewöhnlich groß gewachsenen Bürgermeisters Franz Adickes (Bürgermeister von 1891–1912) lag. Der Turm sollte die Erinnerung an den schon 1765 abgebrochenen Turm der Alten Mainbrücke festhalten.
Der Römerberg hat bis zum Ende des 19. Jahrhunderts sein Erscheinungsbild weitgehend bewahren können, erst die Niederlegung etlicher Häuser im Zusammenhang mit dem Ausbau der Braubachstraße führte zu weitreichenden Veränderungen.

Aus erhöhter Perspektive bietet der Römer (Ansicht um 1905) einen noch beeindruckenderen Anblick, nicht nur wegen der Größenverhältnisse zwischen Menschen und Bauwerken, sondern vor allem wegen des Zusammenklangs mit den Rathaustürmen und dem Turm der Paulskirche im Hintergrund. Nicht übersehen sollte man die Laternen, die schon damals verspäteten Bürgern heimleuchteten.

Einen anschaulichen Bericht darüber, wie das Leben am und im Römer im 18. Jahrhundert ablief, hat Johann Wolfgang von Goethe geliefert, der deshalb mit einem Auszug aus „Dichtung und Wahrheit“ zitiert werden soll:

Goethe, Rathaus, genannt der Römer

In seinen untern, gewölbeähnlichen Hallen verloren wir uns gar zu gern. Wir verschafften uns Eintritt in das große, höchst einfache Sezessionszimmer des Rates. Bis auf eine gewisse Höhe getäfelt, waren übrigens die Wände sowie die Wölbung weiß und das Ganze ohne Spur von Malerei oder irgendeinem Bildwerk. Nur an der mittelsten Wand in der Höhe las man die kurze Inschrift:

Eines Mannes Rede
ist keines Mannes Rede:
Man soll sie billig hören beede.

Nach der altertümlichsten Art waren für die Glieder dieser Versammlung Bänke ringsumher an der Vertäfelung angebracht und um eine Stufe von dem Boden erhöht. Da begriffen wir leicht, warum die Rangordnung unseres Senats nach Bänken eingeteilt sei. Von der Türe linker Hand bis in die gegenüberstehende Ecke, als auf der ersten Bank, saßen die Schöffen, in der Ecke selbst der Schultheiß, der einzige, der ein kleines Tischchen vor sich hatte; zu seiner Linken bis gegen die Fensterseite saßen nunmehr die Herren der zweiten Bank; an den Fenstern her zog sich die dritte Bank, welche die Handwerker einnahmen; in der Mitte des Saals stand ein Tisch für den Protokollführer. Waren wir einmal im Römer, so mischten wir uns auch wohl in das Gedränge vor den bürgermeisterlichen Audienzen. Aber größeren Reiz hatte alles, was sich auf Wahl und Krönung der Kaiser bezog. Wir wußten uns die Gunst der Schließer zu verschaffen, um die neue, heitre, in Fresko gemalte, sonst durch ein Gitter verschlossene Kaisertreppe hinaufsteigen zu dürfen. Das mit Purpurtapeten und wunderlich verschnörkelten Goldleisten verzierte Wahlzimmer flößte uns Ehrfurcht ein. Die Türstücke, auf welchen kleine Kinder oder Genien, mit dem kaiserlichen Ornat bekleidet und belastet mit den Reichsinsignien, eine gar wunderliche Figur spielen, betrachteten wir mit großer Aufmerksamkeit und hofften, wohl auch noch einmal eine Krönung mit [eigenen] Augen zu erleben.

(Johann Wolfgang von Goethe, Dichtung und Wahrheit. 1. Teil, 1. Buch, Artemis-Gedenkausgabe Band 10, Deutscher Taschenbuch Verlag, München 1977, S. 25 f.)

Im Doppelpack sind links das Haus Frauenstein und daneben das Salzhaus um 1905 zu sehen. Beide Häuser sind mit sehr aufwendigem Fassadenschmuck versehen und stehen auf massiven steinernen Sockeln.

Haus Frauenstein

Das Haus Frauenstein (Römerberg 25) aus dem 14. Jahrhundert, seit 1843 mit dem benachbarten Salzhaus im Besitz der Stadt, war ein stattlicher Fachwerkbau, von dem nur das steinerne Erdgeschoss geblieben ist, über dem sich ein Neubau von 1951 erhebt. Das Haus wurde 1444 an die Stubengesellschaft Frauenstein verkauft und behielt diesen Namen trotz späterer Besitzwechsel. Es zeigte sich bis zu seiner Zerstörung mit den gemalten Büsten Agrippinas, Senecas, Sapphos, Homers, Phrynes, Demeters und Hephaistos’ sowie mit architektonischen und landschaftlichen Darstellungen.

Das Salzhaus mit Blick zum Römer um 1930 – Man sieht die reich geschnitzte Fassade, das steile Dach und die Nordwand mit ihren Freskomalereien.

Salzhaus

Das berühmte Salzhaus am Römerberg/Ecke Wedelgasse (heute Paulsplatz 1) fiel ebenfalls dem Krieg zum Opfer, bis auf das Sockelgeschoss des 17. Jahrhunderts. Den Neubau zieren sechs hölzerne Reliefplatten des alten Salzhauses aus der 1. Hälfte des 17. Jahrhunderts mit Darstellungen der vier Jahreszeiten. Bis zu seiner Zerstörung war das Salzhaus eines der herausragendsten Fachwerkhäuser Frankfurts, erbaut um 1610, das einen überaus reichen Fassadenschmuck aus geschnitzten Eichenholzplatten besaß, während die seitliche Nordwand mit Freskodarstellungen aus dem Alten Testament und aus den Dichtungen Ovids aufwartete. Über dem massiven Unterbau erhoben sich fünf Stockwerke – einschließlich des steilen Giebels. Die Fassade zeigte neben anderen Darstellungen die Reliefs der vier Jahreszeiten. Darüber erschienen Köpfe, Früchte, Blumen und andere Schnitzereien. Seinen Namen erhielt das Haus wegen des Salzverkaufs, der dort zeitweise betrieben wurde.

Kaisersaal und Kaisergalerie im Römer

Die Kaisergalerie zählt als herausragendes Gesamtkunstwerk des 19. Jahrhunderts zu den bedeutendsten Kunst- und Kulturdenkmälern der Stadt. Philipp Veit regte 1838 das große Werk an, dem auch der Senat zustimmte. Für alle 52 Kaiser- und Königsbildnisse fanden sich großzügige Stifter, so Kaiser Ferdinand I. von Österreich, König

Durch die Halle im Erdgeschoss des Römers gelangte man zur Kaiserstiege und damit zum Kaisersaal im Obergeschoss. (um 1930)

Über diese Treppe mit ihrem kunstvollen Geländer, die in ihrer barocken Umgestaltung von 1741 zu sehen ist, stiegen einst die Kaiser und die Großen des Reichs zum Krönungsmahl hinauf in den Kaisersaal. (um 1925)

Ansicht des Kaisersaals um 1900 mit dem von Gustav Kaupert geschaffenen Standbild Kaiser Wilhelms I., das am 22. März 1892 enthüllt und im Krieg zerstört wurde.

SIGMUND
FRIEDRICH III
MAXIMILIAN I

gez. C. Weber

Das Wanebachhöfchen (Aufnahme um 1920) gehörte zum Haus Wanebach, das selbst Bestandteil des Rathauskomplexes war. Der Hof präsentiert sich im Stil der Renaissance. Er war einer der vielen lauschigen, ruhigen Innenhöfe der Frankfurter Altstadt.

Das Römerhöfchen mit dem Herkulesbrunnen von 1904 um 1925 – Die ganze Formensprache dieses Innenhofs mit Treppenturm, Brunnen, Fachwerk, Erker, Türfassungen usw. weist ihn als ein Werk der Renaissance aus.

Dass der Kaisersaal wiederholte Umgestaltungen erfahren hat, zeigt diese Aufnahme von etwa 1920. Die zuvor schlichte Decke ist 1903–1905 im Geschmack der (wilhelminischen) Zeit aufwendig ausgeschmückt worden.

Der barocke Kurfürstensaal mit seinen von außen zu beheizenden Prachtöfen spiegelt Kunst, Kultur, Lebensart und vor allem wohl Lebensgenuss der Zeit wider. Das Kurfürstenzimmer lag im Haus Goldener Schwan, das 1731 durch Johann Jakob Samhammer eine Schaufront zum Paulsplatz erhielt und auch im Inneren bis 1735 umgestaltet wurde. Die Stuckarbeiten des Kurfürstenzimmers schuf Georg Hennecke aus Mainz, die Ofennischen arbeitete Johann Peter Castelli. Christian und Georg Leimberger waren das Deckengemälde mit Glorie und kurfürstlichen Wappen sowie die Supraporten mit den Wahlinsignien zu verdanken. Der Hofmaler Joseph Hickel aus Wien malte die Darstellungen Leopolds II. und Josephs II.

Friedrich Wilhelm IV. von Preußen, König Ludwig I. von Bayern, König Wilhelm I. der Niederlande, Erzherzog Franz Karl von Österreich, ferner der Bremer Senat, die Freimaurerloge Frankfurt, Kunstvereine, Institute, Familien und Einzelpersönlichkeiten. In einem Zeitraum von 15 Jahren schufen 33 bedeutende Künstler aus Deutschland und Österreich bis 1853 die Bildnisse, die von Karl dem Großen bis zu Franz II. führen, dem letzten Kaiser des Heiligen Römischen Reiches Deutscher Nation, der 1806 unter dem Druck Napoleons zurücktrat. Da alle Schöpfungen im Krieg ausgelagert worden waren, haben sie das Inferno der Zerstörung überstanden und zieren heute wieder als vollständige Galerie den neu gestalteten, repräsentativen Kaisersaal.

Aus dieser erhöhten Perspektive (um 1905) zeigen sich die mächtigen Rathausbauten noch beeindruckender, erscheinen die Menschen noch kleiner. Die öffentlichen Gebäude jener Zeit verkörperten bewusst den Machtanspruch des Staates und seiner Behörden (wie auch heute noch riesige Bank- oder Konzernbauten die Macht des Geldes und der Wirtschaft), und die Menschen sollten sich klein fühlen vor dieser Macht, sollten eingeschüchtert werden, damit sie problemloser regiert werden konnten.

rechts:
Diese Aufnahme (um 1910) gestattet einen Blick in das Treppenhaus des Rathauses mit der bekannten Baumeistersäule.

links:
Diese offene Außen- und Wendeltreppe von 1627 im Römerhöfchen ist das architektonische Schmuckstück des Hofes, ebenfalls ein Werk der Renaissance. (Poststempel 5.6.1925)

Das Portal am Südbau der Rathauserweiterung zeigt sich in den typischen Formen der Neurenaissance, mit üppigem Schmuckwerk und Köpfen sowie allegorischen Figuren und dem Stadtwappen. (um 1910)

Der Paulsplatz mit dem Süd- und dem Nordbau (rechts) der Rathauserweiterung von 1900–08, mit dem Einheitsdenkmal und mit der Paulskirche ganz rechts um 1905 – Die Rathausbauten sind mit einer Brücke verbunden, die man gelegentlich auch als „Seufzerbrücke" bezeichnete, nicht weil wie in Venedig Verurteilte darüber ins Gefängnis geführt wurden, sondern weil vielleicht arme Bürger über die schon damals ausufernde Bürokratie geseufzt haben oder weil die dort arbeitenden Beamten über uneinsichtige Bürger geseufzt haben mögen.

In schweren, gotisierenden Formen, aber auch mit Anklängen an die (Neu)Renaissance zeigt sich im Rathaus die Ratsdiele im Jahr 1905.

Pompös und überladen, wie es dem Geschmack der Zeit entsprach, war der Bürgersaal des Rathauses ausgestattet, mit Wandvertäfelungen, Stuckdecke und Historienbildern. Dass die Aufnahme um 1935 entstanden ist, dokumentiert die Hitler-Büste, die den Saal verunziert.

Zu einem Rathaus gehört natürlich auch ein Ratskeller, in dem die Räte und andere Menschen nach getaner trockener Arbeit der Erholung nachgehen, ihren Durst löschen und weiteren leiblichen Genüssen frönen können. Davon kündeten auch die Wandgemälde im Frankfurter Ratskeller. (um 1910)

Gruß aus dem Frankfurter Ratskeller um 1905

Steinernes Haus

Das dreigeschossige Gebäude am Markt 44 mit seinem großen, spitzbogigen Tor wurde im Krieg fast vollständig vernichtet, glücklicherweise aber rekonstruiert. Sein Erscheinungsbild wird bestimmt durch die Kreuzstockfenster im Obergeschoss, den abschließenden Maßwerkfries sowie durch den ursprünglich zinnengekrönten Wehrgang mit seinen Ecktürmchen, über dem sich ein hohes Walmdach erhebt. Das Gebäude war und ist wieder ein hervorragendes Beispiel gotischer Baukunst. Der aus Köln zugezogene Kaufmann Johann von Melem hatte nach Abbruch zweier Häuser 1464 das stolze Anwesen errichten lassen. Da es im Gegensatz zu den meist in Fachwerk erbauten Häusern aus Stein aufgeführt worden war, erhielt es den Namen „Steinernes Haus".

Das Steinerne Haus am Markt in der Nähe des Römerbergs um 1925 – Mit seinen ausgewogenen Proportionen und Schmuckformen, bei denen die Horizontale durch die hohen Kreuzstockfenster, den Zinnenkranz und das steile Dach ausgeglichen wird, setzte und setzt das Haus einen wichtigen städtebaulichen Akzent.

Fünffingerplätzchen um 1900 – Dieser besonders malerische Winkel vermittelt nicht nur einen anschaulichen Eindruck vom Erscheinungsbild der Frankfurter Altstadt und vom Leben der Menschen in diesen engen Gassen, sondern erklärt auch den Namen des kleinen Platzes, denn hier trafen fünf Gassen aufeinander: Rapunzelgasse, Schwertfegergasse, Drachengasse, Goldhutgasse und Flößergasse. Immerhin drei dieser Gassen erscheinen auch im Bild.

links oben:
Blick durch das Rapunzelgässchen um 1910 – Die Beschriftung auf dem Verbindungsgang führt zu einer Verkaufsstelle des Frankfurter Nationalgetränks, des Apfelweins bzw. „Aepfelweins", der vor Ort mundartlich Ebbelwei heißt.

Fünffingerplätzchen und Goldhutgasse um 1935 – Die Enge der Gasse wird noch verstärkt durch die vorkragenden Geschosse der Häuser. Die Bemalung der Fachwerkhäuser zeigt rechts Szenen mit tanzenden Menschen, während links, gerade noch erkennbar, etliche Häschen ihren Schabernack treiben. Diese Malereien entstanden erst Mitte der dreißiger Jahre des 20. Jahrhunderts im Zusammenhang mit der damaligen Altstadtsanierung.

rechts:
Die Paulskirche zeigt sich (um 1915) in schlichten klassizistischen Formen als elliptischer, zweigeschossiger Zentralbau oder Rotunde mit südlich vorgesetztem Turm. Dieses Erscheinungsbild hat bekanntlich Clemens Brentano dazu verleitet, die Paulskirche als Pastete mit nebenstehender Champagnerflasche zu bezeichnen. Im Vordergrund steht das 1903 durch den Architekten Fritz Hessemer und den Bildhauer Hugo Kaufmann errichtete Einheitsdenkmal. Die 1940 eingeschmolzenen Figurengruppen des Sockels verkörperten das Freie Bürgertum, die Sängerbewegung und die Alma Mater. Die drei Relieftafeln zeigten die Burschenschaftler und Freischärler, die zur Befreiung Schleswig-Holsteins aufbrechen, ferner einen jungen Mann, der sich von seiner Familie verabschiedet, sowie einige Männer, die gerade ein Schwert schmieden, mit dem die Einheit Deutschlands errungen und verteidigt werden sollte. Das Denkmal wurde am 90. Jahrestag der Völkerschlacht bei Leipzig am 18. Oktober 1903 eingeweiht und erinnerte an das große Thema der deutschen Geschichte des 19. Jahrhunderts: die Schaffung eines einheitlichen Deutschlands, verwirklicht mit der Reichsgründung 1871 unter Ausschluss Österreichs.

Rapunzelgässchen

Es war eines der engsten in der ganzen Altstadt und verlief als Verbindung zwischen Altem Markt und Römerberg vom Markt zur Goldhutgasse, längs der Rückseiten der Häuser des östlichen Römerbergs. Hier waren die Gemüseverkäuferinnen beheimatet.

Paulskirche

Die einstige evangelische Kirche dient heute der Stadt Frankfurt als Ausstellungs- und Versammlungsstätte für besondere Anlässe und Festlichkeiten wie die Verleihung des Friedenspreises des Deutschen Buchhandels oder des Goethe-Preises. Die Kirche erhebt sich an der Stelle der 1787 abgerissenen gotischen Barfüßerkirche. 1789 begann man mit dem Neubau, 1792 war der Rohbau fertiggestellt, doch der Turmabschluss und der Innenausbau der von Stadtbaumeister Johann Andreas Liebhardt geplanten Kirche ließen noch bis 1833 auf sich warten. In der Paulskirche tagte in der Zeit der deutschen Revolution von 1848/49 die Deutsche Nationalversammlung. Um dieses für die deutsche Geschichte bedeutende Ereignis angemessen zu würdigen, hat man die Kirche nach den Zerstörungen des Krieges als Erinnerungsstätte der deutschen Demokratie hergerichtet. Damals hoffte man in Frankfurt noch, der neue Bundestag könnte in die Paulskirche einziehen.

Die Abbildung zeigt eine Tagung der deutschen Nationalversammlung 1848 in der Paulskirche und dokumentiert damit die historische Bedeutung dieser Stätte.

Goethehaus

Eine der berühmtesten Adressen Frankfurts und geradezu ein Wallfahrtsort aller Literatur-, Klassik- und Goethefreunde oder -verehrer heißt: Großer Hirschgraben 23. Hier steht Goethes Geburtshaus, in dem er auch aufgewachsen ist. Das Freie Deutsche Hochstift erwarb 1863 das Anwesen und richtete das „Goethehaus" ein, das im Krieg fast vollständig vernichtet, doch bis 1951 rekonstruiert wurde. Es erhielt auch seine alte Innenausstattung zurück, die im Krieg glücklicherweise ausgelagert worden war. Goethes Vater hatte durch den Umbau zweier Häuser des 16. Jahrhunderts 1755/56 das größere Anwesen errichten lassen, einen dreigeschossigen, verputzten Fachwerkbau mit einem großen Zwerchhaus.
Über das Leben und Treiben in diesem Haus soll Johann Wolfgang von Goethe als berühmtester Bewohner mit einem Auszug aus „Dichtung und Wahrheit" selbst erzählen:

Goethe über sein Eltern- und Geburtshaus

Ohne also hierüber eine genaue Untersuchung anzustellen, welche ohnehin zu nichts führen kann, bin ich mir bewußt, daß wir in einem alten Hause wohnten, welches eigentlich aus zwei durchgebrochenen Häusern bestand. Eine turmartige Treppe führte zu zusammenhängenden Zimmern, und die Ungleichheit der Stockwerke war durch Stufen ausgeglichen. Für uns Kinder, eine jüngere Schwester und mich, war der untere weiträumige Hausflur der liebste Raum, welcher neben der Türe ein großes hölzernes Gitterwerk hatte, wodurch man unmittelbar mit der Straße und der freien Luft in Verbindung kam. Einen solchen Vogelbauer, mit dem viele Häuser versehen waren, nannte man ein Geräms. Die Frauen saßen darin, um zu nähen und zu stricken; die Köchin las ihren Salat; die Nachbarinnen besprachen sich von daher miteinander, und die Straßen gewannen dadurch in der guten Jahreszeit ein südliches Ansehen. …
Wir hatten die Straße, in welcher unser Haus lag, den Hirschgraben nennen hören; da wir aber weder Graben noch Hirsche sahen, so wollten wir diesen Ausdruck erklärt wissen. Man erzählte sodann, unser Haus stehe auf einem Raum, der sonst außerhalb der Stadt gelegen, und da, wo jetzt die Straße sich befinde, sei ehemals ein Graben gewesen, in welchem eine Anzahl Hirsche unterhalten worden. Man habe diese Tiere hier bewahrt und genährt, weil nach einem alten Herkommen der Senat alle Jahre einen Hirsch öffentlich verspeiset, den man denn für einen solchen Festtag hier im Graben immer zur Hand gehabt, wenn auch auswärts Fürsten und Ritter der Stadt ihre Jagdbefugnis verkümmerten und störten oder wohl gar Feinde die Stadt eingeschlossen oder belagert hielten. …
Die alte, winkelhafte, an vielen Stellen düstere Beschaffenheit des Hauses war übrigens geeignet, Schauer und Furcht in kindlichen Gemütern zu erwecken. Unglücklicherweise hatte man noch die Erziehungsmaxime, den Kindern frühzeitig alle Furcht vor dem Ahnungsvollen und Unsichtbaren zu benehmen und sie an das Schauderhafte zu gewöhnen. Wir Kinder sollten daher allein schlafen, und wenn uns dieses unmöglich fiel und wir uns sacht aus den Betten hervormachten und die Gesellschaft der Bedienten und Mägde suchten, so stellte sich, in umgewandtem Schlafrock und also für uns verkleidet genug, der Vater in den Weg und schreckte uns in unsere Ruhestätte zurück. Die daraus entspringende üble Wirkung denkt sich jedermann. Wie soll derjenige die Furcht loswerden, den man zwischen ein doppeltes Furchtbare einklemmt? Meine Mutter, stets heiter und froh und andern das gleiche gönnend, erfand eine bessere pädagogische Auskunft. Sie wußte ihren Zweck durch Belohnungen zu erreichen. Es war die Zeit der Pfirschen, deren reichlichen Genuß sie uns jeden Morgen versprach, wenn wir nachts die Furcht überwunden hätten. Es gelang, und beide Teile waren zufrieden. …
Solange die Großmutter lebte, hatte mein Vater sich gehütet, nur das mindeste im Haus zu verändern oder zu erneuern; aber man wußte wohl, daß er sich zu einem Hauptbau vorbereitete, der nunmehr auch sogleich vorgenommen wurde. In Frankfurt, wie in mehrern alten Städten, hatte man bei Aufführung hölzerner Gebäude, um Platz zu gewinnen, sich erlaubt, nicht allein mit dem ersten, sondern auch mit den folgenden Stocken überzubauen; wodurch denn freilich besonders enge Straßen etwas Düsteres und Ängstliches bekamen. Endlich ging ein Gesetz durch, daß wer ein neues Haus von Grund auf baue, nur mit dem ersten Stock über das Fundament herausrücken dürfe, die übrigern aber senkrecht aufführen müsse. Mein Vater, um den vorspringenden Raum im zweiten Stock auch nicht aufzugeben, wenig bekümmert um äußeres architektonisches Ansehen und nur um innere gute und bequeme Einrichtung besorgt, bediente sich, wie schon mehrere vor ihm getan, der Ausflucht, die oberen Tei-

Die am 30.1.1905 geschriebene Karte, eine Künstlerkarte und keine Fotografie, zeigt das Goethehaus und eine Marmorbüste Goethes.

le des Hauses zu unterstützen und von unten herauf einen nach dem andern wegzunehmen und das Neue gleichsam einzuschalten, so daß, wenn zuletzt gewissermaßen nichts von dem Alten übrigblieb, der ganz neue Bau noch immer für eine Reparatur gelten konnte. … Das Haus war indessen fertig geworden, und zwar in ziemlich kurzer Zeit, weil alles wohl überlegt, vorbereitet und für die nötige Geldsumme gesorgt war. Wir fanden uns nun alle wieder versammelt und fühlten uns behaglich; denn ein wohlausgedachter Plan, wenn er ausgeführt dasteht, läßt alles vergessen, was die Mittel, um zu diesem Zweck zu gelangen, Unbequemes mögen gehabt haben. Das Haus war für eine Privatwohnung geräumig genug, durchaus hell und heiter, die Treppe frei, die Vorsäle luftig, und jene Aussicht über die Gärten aus mehreren Fenstern bequem zu genießen. Der innere Ausbau und was zur Vollendung und Zierde gehört, ward nach und nach vollbracht und diente zugleich zur Beschäftigung und zur Unterhaltung.

(Johann Wolfgang von Goethe, Dichtung und Wahrheit. 1. Teil, 1. Buch, Artemis-Gedenkausgabe Band 10, Deutscher Taschenbuch Verlag, München 1977, S. 15 ff., 20 f., 33.)

So sah das Goethehaus zur Zeit der Geburt Johann Wolfgang von Goethes 1749 aus. Es bestand aus zwei Häusern, die 1755/56 umgebaut und zu einem Anwesen vereinigt wurden.

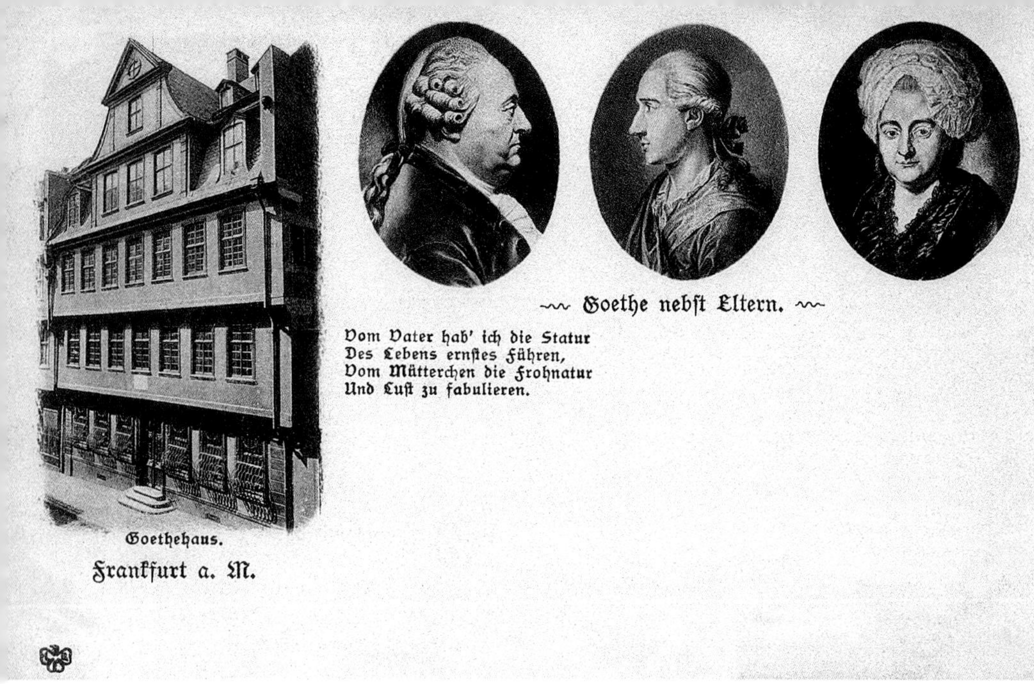

Die Karte von 1907 zeigt das umgebaute Goethehaus und den großen Dichter zwischen seinen Eltern. Bis 1775 wohnte Goethe in diesem Haus.

Das Goethehaus um 1880 mit seiner siebenachsigen Front, den beiden vorkragenden Stockwerken sowie dem Dach mit seinem dominierenden Zwerchhaus

Goethehaus, um 1925, Erdgeschoss, Flur und Treppenaufgang sowie Ansicht der Küche

Goethehaus, um 1925, erster Stock, große Diele bzw. der Vorsaal sowie großes Staatszimmer

Karmeliterkirche und -kloster

In den historischen Mauern wurde nach Kriegszerstörung und nach Auf- und Umbau das Museum für Vor- und Frühgeschichte untergebracht. Neben dem Museum nutzten auch das Stadtarchiv, der Verein für Geschichte und Landeskunde, die Frankfurter Historische Kommission, das Bundesarchiv mit seiner Abteilung Frankfurt am Main oder auch der Berufsverband Bildender Künstler die Räume des einstigen Karmeliterklosters. Heute ist es Sitz des Archäologischen Museums, wie sich das Museum für Vor- und Frühgeschichte seit 2002 nennt, und des Instituts für Stadtgeschichte, wie das frühere Stadtarchiv mittlerweile heißt. Die Gründung des Karmeliterklosters erfolgte 1246 durch Kölner Karmeliter. Es bestand bis zur Säkularisation 1803. Die Kirche St. Maria wurde noch im 19. Jahrhundert profaniert und zeitweise als Warenlager genutzt. Sie brannte im Krieg aus und blieb bis 1984 als Ruine stehen. Chor und Querschiff wurden bei den Umbaumaßnahmen erhalten. Die Klostergebäude dienten im 19. Jahrhundert eine Zeit lang als Kaserne des Infanterieregiments Nr. 81. Von den Gebäuden des 15./16. Jahrhunderts sind in ursprünglicher Gestalt nur der Kreuzgang und das Refektorium sowie das ehemalige Dormitorium wiederhergestellt worden.

Karmeliterkloster – Innenansicht der ehemaligen Klosterkirche um 1930

Karmeliterkloster – Teilansicht des gotischen Kreuzgangs um 1930

Der abgerundete Bahnhofsplatz mit seinen protzigen Großstadtbauten verrät eine städtebaulich hervorragende Planung. Die Großbauten rahmen den monumentalen Hauptbahnhof ein und bilden mit ihm zusammen ein deutlich sichtbares Gleichgewicht der Proportionen. Im Hintergrund steht mit den beiden Türmen das Albert-Schumann-Theater. (Poststempel 27.8.1929)

D) VOM HAUPTBAHNHOF ZUM PALMENGARTEN

Hauptbahnhof

Westlich der Stadt lagen zwischen Taunus- und Gallentor (Taunus- und Gallusanlage) nebeneinander die Bahnhöfe der Main-Neckar-Bahn von 1848, der Taunus-Bahn von 1838 und der Main-Weser-Bahn von 1852. Sie mussten dem Bau des neuen, westlich angelegten Hauptbahnhofs weichen. – Dieses gewaltige, 1883–88 von Georg Peter Hermann Eggert und Johann Wilhelm Schwedler errichtete Bauwerk wurde Vorbild für weitere Großstadtbahnhöfe. Dem Geschmack der Zeit entsprechend,

Gesamtansicht der Front des Hauptbahnhofs um 1910 – Der Bahnhofsplatz ist belebt mit Fußgängern, Pferdedroschken, Straßenbahnen und zwei Automobilen. Die Sandsteinfassade des monumentalen Kopfbahnhofs wird beherrscht von der vorspringenden Schalterhalle, deren seitliche Anbauten in zwei Eckpavillons münden. Hinter der Fassade erheben sich die mächtigen Glashallen.

Die Schalterhalle des Hauptbahnhofs um 1920 – Die reich gegliederte Fassade und die üppige Bauzier fallen besonders auf. Über der Schalterhalle thront die von Franz Krüger geschaffene Atlantengruppe, die die Weltkugel trägt. Beiderseits der Uhr sind die Allegorien des Morgens und des Abends zu sehen. Außerdem finden sich die Verkörperungen des Handels und des Verkehrs sowie Darstellungen unterschiedlicher Typen von Reisenden. Auf der Karte wird der Bahnhof als Hauptpersonenbahnhof bezeichnet, wohl um ihn vom Hauptgüterbahnhof zu unterscheiden.

Die Inschrift an der Fassade weist den großen Jugendstilbau als Zirkus und Theater Albert Schumann aus. Er wurde 1904–05 gebaut, besaß eine 18 Meter hohe Kuppel und verfügte über 5 000 Plätze, von denen aus die Zuschauer die Theateraufführungen verfolgen oder Zirkus- und Varietéprogramme genießen konnten. Das Theater, hier in einer Aufnahme von 1915, wurde 1960 abgebrochen,

schmückte man den neuen Bahnhof innen wie außen mit zahlreichen Allegorien des Verkehrs, der Technik, der Industrie, des Handels. Im Gegensatz beispielsweise zu Köln, wo der Hauptbahnhof direkt neben den Dom platziert wurde, bauten die Frankfurter ihren Hauptbahnhof außerhalb der damaligen Stadt, die daher vom Eisenbahnverkehr verschont blieb. Zur Eröffnung dieses seinerzeit größten Bahnhofs auf dem Kontinent am 18. August 1888 war ganz Frankfurt auf den Beinen, um die 220 Meter breite Empfangshalle zu bestaunen, ebenso die tonnengewölbten Schiffe, die zunächst 18, später nach der Erweiterung 1912–24 gar 24 Gleise überspannten. Der erste Zug kam übrigens aus Hamburg. – Mit der Errichtung des Hauptbahnhofs und dem sich anschließenden Ausbau des Bahnhofsviertels und der Kaiserstraße schwenkte die bis dahin bestimmende Ost-West-Ausrichtung Frankfurts um in die Nord-Süd-Richtung. In diesem Zusammenhang wandelte sich auch die Hauptwache von einem Treffpunkt für Spaziergänger und Liebespaare zu einem Verkehrsknotenpunkt.

Die Kaiserstraße mit Blickrichtung zum Hauptbahnhof um 1925 – Es zeigt sich aus erhöhter Warte eine wahre Prachtstraße mit mächtigen großstädtischen Bauten, deren aufwendig gestaltete Fassaden vielfach von Kuppeln und Türmen gekrönt werden. Die langen Baumreihen verleihen ihr geradezu den Charakter einer Allee. Und zwei besondere Blickfänge runden das eindrucksvolle Bild ab: der Hauptbahnhof im Hintergrund und im Vordergrund der große Uhrenturm.

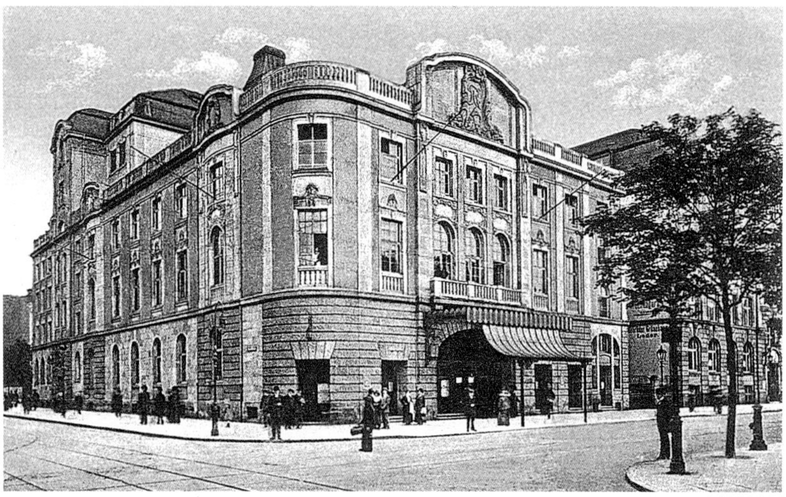

Unweit des Bahnhofsplatzes stand an der Ecke Karlstraße und Mainzer Landstraße das 1911 eröffnete Neue Theater, das sich bewusst dem modernen, avantgardistischen Schauspiel verschrieben hatte. (um 1915)

Die Aufnahme von Rolf Kellner (um 1925) bringt eine Ansicht der Kaiserstraße aus ebenerdiger Perspektive, die aber die großzügig bemessenen Bauten zu beiden Seiten umso mächtiger aufragen und die Menschen entsprechend kleiner erscheinen lässt. Die Großstadt begann, den Menschen zu überwältigen, und im Zeitalter des Expressionismus erschien sie ja auch geradezu als Moloch, als Menschen verschlingendes Ungeheuer.

Die evangelische Matthäuskirche am einstigen Hohenzollernplatz, ein Zentralbau mit hohem Turm (um 1910). – Rechts davon ist das Gebäude der ehemaligen Reichsbahndirektion zu sehen.

Das Goethegymnasium auf der westlichen Seite der früheren Hohenzollernanlage wurde 1897 eröffnet und im Krieg zerstört. Der heutige Bau stammt von 1959.

Friedrich-Ebert-Anlage

Sie gehört zum Frankfurter Alleenring und verläuft von der Ludwig-Erhard-Anlage bis zum Platz der Republik. Die Straße verdankt ihre Entstehung dem Bau des Hauptbahnhofs und der damit verbundenen Beseitigung der Westbahnhöfe samt ihrer Gleisanlagen. Auf der Trasse der vormaligen Main-Weser-Bahn verlief die Bahnstraße, deren mittlerer Bereich bis zum Zweiten Weltkrieg den Namen Hohenzollernanlage führte, aus der schließlich die heutige Friedrich-Ebert-Anlage wurde. Hier entstanden um 1900 etliche wilhelminische Großbauten.

Matthäuskirche

Auf der Ostseite der damaligen Hohenzollernanlage steht noch die 1905 von Friedrich Pützer errichtete Kirche, die nach schweren Kriegszerstörungen in veränderter Form wiederaufgebaut wurde, inzwischen aber nach einem Beschluss des Regionalverbands der Evangelischen Kirche Hessen-Nassau aus dem Jahr 2002 gegen den Widerstand der Gemeinde verkauft und abgerissen werden soll.

Goethegymnasium

Das 1897 bezogene Gymnasium wurde auf der westlichen Seite der damaligen Hohenzollernanlage errichtet und bot mit der gegenüber liegenden Matthäuskirche ein ansehnliches Ensemble. Nach schweren Kriegszerstörungen stand immerhin noch die Fassade mit ihrem großen Giebel – bis 1951. Sie sollte erhalten und in den geplanten Neubau integriert werden. Es wurden Maßnahmen zur Sicherung der baufälligen Ruine getroffen, wozu der Magistrat 80.000 Mark bewilligte. Aber am gleichen Tag (!), an dem dieser Rettungsbeschluss gefasst wurde, rissen Bauarbeiter auftragsgemäß den Giebel ein. Ein bedenkenswerter Vorgang: die Stadt sparte 80.000 Mark und verlor ein Denkmal.

Festhalle

Die große Festhalle an der Ludwig-Erhard-Anlage 1, heute als Halle 2 Teil des großen Messegeländes, entstand 1907–09 nach dem Entwurf Friedrich von Thierschs über einem rechteckigen Grundriss von 115 Metern Länge und 45 Metern Tiefe und bot mit einer Nutzfläche von 6 000 Quadratmetern 18 000 Menschen Platz. Der mächtige Kuppelbau mit seiner damals spektakulären Stahlkonstruktion wurde als Ausstellungshalle, aber auch für kulturelle Veranstaltungen genutzt (Maße der Kuppel: Höhe 30 m, Durchmesser 18,5 m). 1941 brannte die Halle aus und wurde nach dem Krieg in vereinfachter Form wiederhergestellt, beispielsweise blieben die Türme ohne ihre einstige Bekrönung.

Senckenberg-Museum

Das Naturmuseum Senckenberg an der Senckenberganlage 25 ist eines der größten und bedeutendsten Naturkundemuseen Europas. Es zeigt vier Milliarden Jahre Erdgeschichte und die unglaubliche Vielfalt des Lebens durch außergewöhnliche Exponate wie Dinosaurier oder Fossilien aus der weltbekannten Grube Messel. Die Geschichte des Museums beginnt 1763 mit der Stiftung eines Bürgerhospitals durch den Arzt Johann Christian Senckenberg, und zwar unter Einbeziehung eines „Tempels der Wissenschaft". Es währte jedoch bis1817, bis Frankfurter Bürger die Senckenbergische Naturforschende Gesellschaft gründeten. 1821 konnte bereits am Eschenheimer Turm ein erstes Museum eröffnet werden, das schon bald Weltruhm erlangte, nicht zuletzt durch die Stiftungen des Naturwissenschaftlers und Afrikaforschers Eduard Rüppell (1794–1884), der in Frankfurt geboren wurde und dort auch verstarb. Nicht weniger als fünf Tiergattungen sowie 79 Pflanzen- und Tierarten sind nach ihm benannt worden.

Ansicht des Senckenbergianums um 1910 – Ludwig Neher entwarf die Pläne für den schlossartigen Neubarockbau, den Museumsbau, der zwischen 1904 und 1907 entstand und schon 1907–09 durch Franz von Hoven die durch offene Arkaden mit dem Mittelbau verbundenen Flügelbauten erhielt. Über dem Giebel erscheint, sehr aussagekräftig, Kronos, die Verkörperung der Zeit, mit Sense und Sanduhr. In den Flügelbauten wurden rechts die Bibliothek und links mit der Sternwarte der Physikalische Verein untergebracht.

Ansicht der Festhalle mit Haupt- und Seitenfront samt Nebenbauten und Torbau am ehemaligen Hohenzollernplatz, eingefasst von großzügigen Anlagen, um 1915

Der Palmengarten um 1905 mit einer seitlichen Ansicht des Gesellschaftshauses und mit dem Bootsweiher, der von einer Drahtseilbrücke überspannt wird.

Blumenparterre und Schauseite des Gesellschaftshauses im Palmengarten im Jahr 1907 – Schon damals warben die Betreiber mit prachtvollen Orchideen und fleischfressenden Pflanzen, mit Teich, Radfahr- und Eisbahn, mit Lawn-Tennis-Plätzen und eigener Kapelle. Der Eintritt kostete eine Mark.

Palmengarten

Als die ebenso umfangreiche wie bedeutende Großherzoglich Nassauische Pflanzensammlung in Biebrich aufgelöst wurde, gründete man 1869 in Frankfurt den Palmengarten, um diese Bestände aufnehmen zu können. Adam Friedrich Kayser d. J. plante das 1869–71 erbaute Gesellschaftshaus (Flora) und das mächtige Palmenhaus mit einer Grundfläche von 52 mal 30 Metern und einer Höhe von 17 Metern. Nach wenigen Jahren brannte das Gesellschaftshaus nieder und wurde 1878/79 von Heinrich Theodor Schmidt in den Formen der Neurenaissance wiederhergestellt. Martin Elsaesser fügte 1928/29 einen schlichten Querbau hinzu. Die Parkanlagen schuf 1872–74 Franz Heinrich Siesmayer. Martin Elsaesser und Ernst May gestalteten 1929 das Gesellschaftshaus um, das nach dem Krieg 1953 noch einen westlichen Flügel erhielt.

Palmengarten – Blick ins Palmenhaus mit seiner üppig wuchernden Bepflanzung (Poststempel 25.4.1904)

Palmengarten um 1910 – Um die Anlage für Besucher möglichst attraktiv zu machen, wurden am Bootsweiher sogar ein Wasserfall und ein Schweizerhaus errichtet.

Den Palmengarten zierten auch ansehnliche Skulpturen wie die Perseusgruppe, die an einen der bekanntesten Helden der griechischen Mythologie erinnert. Perseus war ein Sohn des Zeus und der Danae, einer Tochter des Königs Akrisios von Argos. Seine bekannteste Tat ist die Erschlagung der Gorgone Medusa mit der Hilfe von Pallas Athene, die ihm einen Spiegel gab, um Medusa nicht direkt anschauen zu müssen, weil er sofort in Stein verwandelt worden wäre. Die Abbildung zeigt allerdings eine andere Heldentat des Perseus: die Rettung Andromedas vor dem Meeresungeheuer Ketos.

Das neue Schauspielhaus in seiner ganzen städtebaulich dominierenden Pracht um 1910 – In den Anlagen ist rechts der Märchen- oder Schauspielbrunnen zu sehen.

E) DER ANLAGENRING UND SEIN UMFELD

Schauspielhaus

Am 1. November 1902 öffnete das neue Schauspielhaus am Gallustor, das dann in Theaterplatz umbenannt wurde und heute Willy-Brandt-Platz heißt, seine Pforten. Der monumentale Bau des Architekten Heinrich Seeling entstand 1899–1903 in Anlehnung an Renaissanceformen und unter Verwendung von Jugendstildekor. Er besaß 1 080 Sitzplätze und 80 Stehplätze. Das Haus entwickelte sich rasch zu einer der bedeutendsten deutschen Sprechbühnen. Hier wurden die Werke von Ernst Barlach, Bertolt Brecht, Arnolt Bronnen, Walter Hasenclever, Georg Kaiser, Carl Sternheim, Fritz von Unruh, Friedrich Wolf, Carl Zuckmayer, Arnold Zweig gespielt, vielfach von berühmten Schauspielern wie Carl Ebert, Jakob Feldhammer,

Ansicht des neuen Schauspielhauses am Gallustor unmittelbar vor seiner Vollendung. Die Frankfurter oder auch nur ein Fotograf waren so stolz auf das eindrucksvolle Gebäude, dass sie es noch vor der Eröffnung am 1.11.1902 abgelichtet haben. Straßen und Anlagen sind noch nicht fertiggestellt. (Poststempel 6.9.1902)

Heinrich George, Robert Taube, Fritta Brod, Mathilde Einzig, Gerda Müller usw. Mit dem Schauspielhaus durch einen großen Garten, durch Terrassen und Säulengänge verbunden war das Wein- und Bierrestaurant „Faust“, über dem auch noch Büroetagen Platz fanden. Das Schauspielhaus erlitt zwar schwere Kriegszerstörungen, wäre aber ohne weiteres wiederaufzubauen gewesen, aber als man 1963 hinter einer 120 Meter langen Glasfassade die „Theaterdoppelanlage“ mit den Bühnen für Oper, Schauspiel und Kammerspiel schuf, beseitigte man endgültig die noch erhaltene Fassade. Die Stadt war einmal mehr um ein Denkmal ärmer geworden.

Ansicht des monumentalen Bismarck-Denkmals inmitten einer großzügigen Anlage um 1910

Märchenbrunnen oder Schauspielbrunnen

Der Jugendstilbrunnen am Schauspielhaus, ab 1901 geschaffen von Friedrich Hausmann im Auftrag des Industriellen Leo Gans, zeigt ein marmornes „Mainweibchen“. Die bronzenen Zutaten wurden im letzten Krieg für Rüstungszwecke eingeschmolzen, sind aber nach alten Vorlagen nachgegossen worden, so dass Wasserspeier, Putten, Fabelwesen, Echsen und Fische wieder in der Untermainanlage zu bewundern sind. Diesen märchenhaften Zutaten verdankt der Brunnen auch seinen Namen.

Bismarck-Denkmal

In unmittelbarer Nähe des Schauspielhauses am Theaterplatz stand Frankfurts mächtiges Bismarck-Denkmal. Im Krieg ist es 1940 eingeschmolzen worden, und auch der Sockel ist längst verschwunden. Entworfen wurde das Denkmal von Rudolf Siemering aus Berlin, nach dessen

Der Märchenbrunnen neben dem Schauspielhaus um 1910 – Enthüllt wurde die imposante Anlage am 25. August 1910. Für das Mainweibchen bzw. für die Nymphe hatte Hausmann ein Modell gesucht und schließlich im Wäscherdorf Niederrad gefunden, ein 19-jähriges Mädchen namens Margarete Endres, eine Wäscherin. Ihre Schönheit begeisterte den Musiker und Komponisten Eduard Gelbart derartig, dass er um Hand und Herz der schönen Wäscherin warb und beides erhielt. Damit wurde Margarete Endres in die Kreise aufgenommen, deren schmutzige Wäsche sie zuvor besorgt hatte – eine märchenhafte Karriere.

Tod 1905 sein Schüler Ludwig Manzel es vollendete. Die feierliche Einweihung fand am 10. Mai 1908 statt. Das beeindruckende Denkmal zeigt Bismarck in Uniform, mit Helm und Mantel, mit Kürass und Pallasch. Hinter ihm schreitet ein stolzes, feuriges Ross, das unter seinen Hufen den Lindwurm oder Drachen der Zwietracht, des Bösen, des Feindlichen zertritt und auf seinem Rücken eine Germania mit geflügeltem Helm trägt, die über der rechten Schulter das Reichsbanner hält. Das Denkmal veranschaulichte Bismarcks Aussage vor dem Norddeutschen Reichstag vom 11. März 1867: „Setzen wir Deutschland, sozusagen, in den Sattel! Reiten wird es schon können." Der berühmt-berüchtigte Volksmund machte daraus schon bald nach der Enthüllung die respektlose Bemerkung: „Bismarck, halt den Gaul fest! Dort kommt ein Auto!" Das Bismarck-Denkmal besitzt eindrucksvolle Maße: Höhe der Figurengruppe: 7,40 Meter; Bismarck: 5,20 Meter; Gewicht der Figurengruppe: 130 Zentner; der Denkmalplatz liegt über vier 15 Zentimeter messenden Stufen; auf zwei weiteren, 45 Zentimeter hohen Stufen ruht der 2,60 Meter hohe Sockel; Gesamthöhe: rund 11 Meter.

Das Bismarck-Denkmal erscheint in voller Größe. Wie bei allen vergleichbaren Denkmälern muss der Betrachter zu den Figuren emporblicken, eine Beobachtung, die durchaus Symbolcharakter besitzt. Schließlich werden große Staatsmänner, Helden der Kunst und Kultur, der Wissenschaft und des Krieges auf die Denkmalsockel erhoben, zu denen man auch im übertragenen Sinn emporblicken sollte, um sie zu (ver)ehren, um ihrem Vorbild nachzustreben oder um sich an ihre Taten und Leistungen zu erinnern und sich daran zu begeistern. (Poststempel 30.3.1910)

Frankfurter Hof

Der Frankfurter Hof am Kaiserplatz 17 wurde 1874–76 als offene Dreiflügelanlage mit Ehrenhof von Carl Jonas Mylius und Alfred Friedrich Bluntschli im Stil der Renaissance errichtet. Er präsentierte sich mit seinen aufwendigen Schmuckformen als wahres gründerzeitliches Palasthotel. Es verfügte über 250 Zimmer mit 350 Betten, über 20 Salons und einen Speisesaal mit 800 Plätzen. Die feierliche Eröffnung fand am 26. Juni 1876 statt. Nach Kriegszerstörungen und folgenden Aufräumarbeiten konnten 1948 den wenigen Gästen immerhin wieder 20 Betten zur Verfügung gestellt werden, deren Zahl sich natürlich rasch steigerte, auf ca. 700 Betten 1961. Leider hat man das ursprüngliche Mansarddach nicht wiederhergestellt, so dass das Erscheinungsbild empfindlich beeinträchtigt worden ist. Heute präsentiert sich das traditionsreiche und traditionsbewusste Haus als Steigenberger Frankfurter Hof, natürlich als 5-Sterne-Hotel.

Der Frankfurter Hof um 1905 als dreiflügliger Hotelpalast mit Ehrenhof, eine städtebaulich überaus wirksame Dominante – Er wurde 1892 als großartiges Aktienhotel mit Aufzug angepriesen, dessen Zimmerpreise je nach Stockwerk zwischen drei und acht Mark fünfzig lagen, damals natürlich sehr stolze Preise. Das Frühstück war für eine Mark vierzig, das Mittagessen für vier Mark zu haben. Außerdem gab es im Haus eine Fahrkartenausgabe sowie Post und Telegrafie.

Frankfurter Hof um 1905 – Der große Festsaal, in dem rauschende Bälle und begeisternde Konzerte sowie vielfältige gesellschaftliche Veranstaltungen stattfanden, verfügte über eine Breite von 14,60 Metern und eine Länge von 24 Metern.

Blick vom Kaiserplatz durch die Kaiserstraße mit ihrer gründerzeitlichen Bebauung in Richtung Rossmarkt um 1900 – Im rechten Eckhaus gab es Antiquitäten, im linken befand sich eine Niederlassung des Norddeutschen Lloyd. Der Kaiserbrunnen von 1876 im Vordergrund war eine Stiftung des Frankfurter Bankiers Raphael von Erlanger.

Alte Oper

Das monumentale, sich an die italienische Renaissance anlehnende Bauwerk, das für mehr als 2200 Besucher konzipiert war, entstand zwischen 1873 und 1880 nach Plänen von Richard Lucae, Johann Albrecht Becker und Eduard Giesenberg und gilt in der Nachfolge Gottfried Sempers als ein hochbedeutendes Werk des Historismus, dem zusätzlich auch in städtebaulicher Hinsicht ein besonderer Rang zukommt. Nicht zu unterschätzen ist die historische und stadtgeschichtliche Bedeutung, denn nach der Annexion der Stadt durch Preußen ist die Alte Oper ein wahrlich beredtes Zeugnis Frankfurter Selbstbewusstseins, mit dem man es nebenher auch den neuen

Der Opernplatz um 1910 mit dem mächtigen Bau der Oper, die am 20. Oktober 1880 im Beisein Kaiser Wilhelms I. feierlich eröffnet wurde. Der Größenvergleich mit Straßenbahn, Droschken und Menschen zeigt die ganze Monumentalität des stolzen Bauwerks.

Luftaufnahme des Opernhauses um 1920 – Gerade die Luftaufnahme verdeutlicht, dass Frankfurt sich mit seiner neuen Oper, die heute Alte Oper heißt, ein städtebaulich besonders markantes Objekt geleistet hat, wozu auch die Gestaltung der unmittelbaren Umgebung gehört, die die Bedeutung des Bauwerks noch unterstreicht. Man fühlt sich erinnert an den Ausbau der berühmten Ringstraßen in Köln oder Wien.

Herren in Berlin zeigen konnte und wohl auch wollte. Dieser Zweck wurde erreicht, denn Kaiser Wilhelm I., der die feierliche Eröffnung mit seiner Anwesenheit beehrte, konnte nur bemerken, ein derartiges Bauwerk könne er sich in Berlin nicht leisten. Die kleine Reichsstadt schickte sich an, eine führende Großstadt im neuen Deutschen Reich zu werden, angetrieben von einem grandiosen Fortschrittsglauben, der nicht zuletzt durch den Opernbau sichtbare Gestalt gewann. Der Wiederaufbau des kriegszerstörten Hauses als Konzerthalle währte bis 1981. Die Außenansicht, die Eingangshalle und die Foyers wurden im alten Stil wiederaufgebaut; der neue große Saal fasst 2.500 Besucher, zusätzlich gibt es zwei kleinere Säle. Von den einstigen Wand- und Deckenmalereien haben sich nur Reste erhalten. Die feierliche Einweihung erfolgte am 28. August 1981, am Geburtstag Goethes.

Die Großaufnahme des Opernhauses dokumentiert, welche Bedeutung man damals der Kunst und Kultur beimaß, indem man ihnen derartig repräsentative Paläste erbaute. Gleichzeitig spürt man das Selbstbewusstsein der Frankfurter, die keine Konkurrenz mit anderen aufstrebenden Städten zu scheuen brauchten. (Poststempel 10.1.1930)

Kaiser-Wilhelm-Denkmal

Das Denkmal, das Kaiser Wilhelm hoch zu Ross zeigte, wurde von Clemens Buscher geschaffen und am 10. Mai 1896 enthüllt. Im Zweiten Weltkrieg ist es eingeschmolzen worden. Im Kaisersaal des Römers befand sich noch ein Standbild Kaiser Wilhelms von Gustav Kaupert. Im Deutschen Reich wurden übrigens nach der Reichsgründung 1871 weit mehr als 300 Kaiser-Wilhelm-Denkmäler errichtet.

Kaiser Wilhelm I. blickt in Uniform, von allegorischen Figuren begleitet, hoheitsvoll von seinem Ross herunter. Die Frankfurter hatten das Denkmal wohl bewusst vor die Oper gesetzt, so dass der Kaiser und Reichsgründer stets diesen Prachtbau vor Augen hatte, über den er gesagt hatte, sich ein solches Bauwerk in Berlin nicht leisten zu können. (Poststempel 24.9.1912)

Rossmarkt

Der Platz zählte um 1900 zu den ansehnlichsten seiner Art in der ganzen Stadt, dank seiner stattlichen Bebauung wie dank seiner günstigen Verkehrslage. Auf dem Platz stand

Der Rossmarkt nach Nordosten mit Blickrichtung zur Hauptwache und zur Katharinenkirche um 1910 – Bis weit ins 19. Jahrhundert diente der Rossmarkt tatsächlich als Pferdemarkt, zuletzt im Bereich des Goetheplatzes. Dazu muss man sich erinnern, dass Pferde eine ganz besondere Rolle spielten für Handel und Gewerbe, für Post und Militär, für Fuhrunternehmer und Landwirte, für Kutscher und überhaupt für die feinere Gesellschaft, die sich in standesgemäßen Equipagen befördern ließen. Solche Aufgaben übernahmen um die Jahrhundertwende, wie ersichtlich, bereits Automobile. Ursprünglich standen am Rossmarkt Häuser aus gotischer Zeit und aus der Renaissancezeit. Sie wurden abgelöst von klassizistischen Bauten. Ein letztes Beispiel ist in der Bildmitte unter dem Turm der Katharinenkirche zu sehen, das Haus Belli von 1755. Ansonsten sind die Straßen bereits von großen, prunkenden Gründerzeitbauten gesäumt, zu denen auch das Haus Germania von 1888 mit seiner unübersehbaren Kuppel zählte.

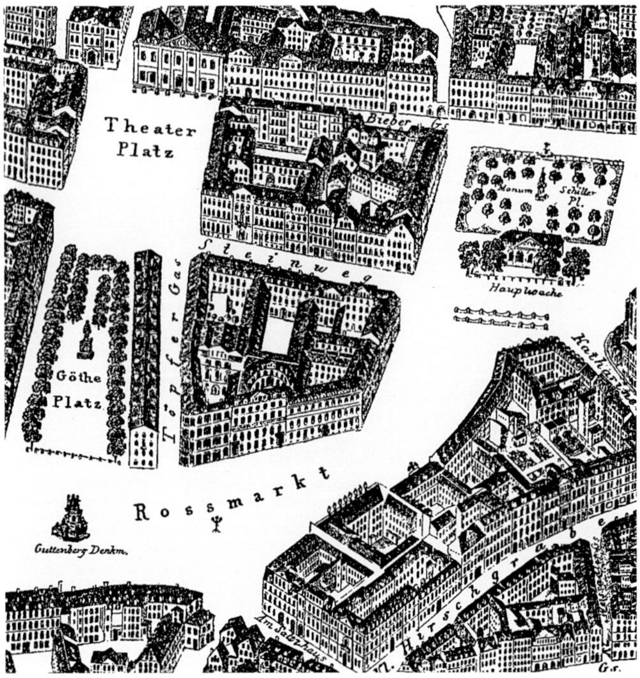

Lageplan des Rossmarktes und seiner Umgebung mit dem Gutenberg-Denkmal, dem Goetheplatz mit dem Goethe-Denkmal, dem Steinweg mit dem Hotel Schwan, mit dem Theaterplatz und dem Schillerplatz samt Schiller-Denkmal sowie mit der Hauptwache auf einem vergrößerten Ausschnitt des Frankfurter Stadtplans von Friedrich Wilhelm Delkeskamp von 1864 – Mit Hilfe dieses Ausschnitts lassen sich die Ansichten leichter lokalisieren.

Ansicht des Rossmarkts mit dem Gutenberg-Denkmal um 1910 – Links liegt der Goetheplatz, rechts geht es zur Hauptwache.

Der Rossmarkt um 1910 mit dem Gutenberg-Denkmal und dem Gebäude der Disconto-Gesellschaft von 1903–04, in das später die Deutsche Bank einzog.

einmal die Maternus-Kapelle, die großzügige Stiftung eines frommen Bürgers, der aufgrund seiner Gabe aber völlig verarmt sein soll. An gleicher Stelle befand sich später der „Rosszoll", also das Haus, in dem die Pferdehändler für die auf dem Rossmarkt zu verkaufenden Pferde ihren Zoll zu bezahlen hatten. Auf dem Platz stand 1616 auch das Schafott, auf dem Vinzenz Fettmilch mit weiteren Aufständischen hingerichtet wurde. Dank seiner Größe und Lage erlebte der Rossmarkt allerdings auch erfreulichere Festlichkeiten. An der Einmündung der erst in der 2. Hälfte des 19. Jahrhunderts gebauten Junghofstraße lag zuvor ein großer Hof, der von etlichen großen Gebäuden gesäumt war, worunter sich das erste feste Komödienhaus Frankfurts befand, das noch zu Goethes Kinderzeit bespielt wurde. Die Gebäude wurden ab 1860 abgetragen, um Platz zu schaffen für die neue Straße.

Gutenberg-Denkmal

Das Denkmal auf dem Rossmarkt ist eine Schöpfung von Eduard Schmidt von der Launitz und war 1858 vollendet. Es besteht aus einer großen Dreiergruppe, die Johannes Gutenberg, den Erfinder des Buchdrucks mit beweglichen Lettern, zwischen Johannes Fust und Peter Schöffer zeigt. Johannes Fust, Advokat in Mainz, war Geldgeber Gutenbergs und seiner Druckerwerkstatt. Er verklagte Gutenberg allerdings wegen ausbleibender Rückzahlungen, mit dem Ergebnis, dass Gutenberg offenbar große Teile seiner Werkstatt an die 1455 gegründete Druckerei Fust-Schöffer verlor, die sehr erfolgreich tätig wurde. Der Advokat hatte sich also mit dem Drucker Peter Schöffer verbündet, der zuvor als Mitarbeiter Gutenbergs gearbeitet hatte. Auf dem sechs Meter hohen Postament erscheint Guten-

Auf einer frühen Ansichtskarte erscheinen die Figurengruppen des Gutenberg-Denkmals. (Poststempel 23.5.1898)

Gesamtansicht des Gutenberg-Denkmals um 1880 – Passend zum Erfinder des Buchdrucks mit beweglichen Lettern gab es buchstäblich naheliegenderweise, links zu sehen, eine Buchhandlung.

berg, in der linken Hand ein Buch, in der rechten einen bewegliche Letter (Buchstabe). Die beiden begleitenden Figuren tragen Matrizen und Prägehammer sowie Bücher. Die Schmuckfelder über dem Hauptgesims zeigen die Köpfe von 14 berühmten Buchdruckern. In den Mittelfeldern sind die allegorischen Figuren und die Wappen der Städte zu sehen, in denen die Buchdruckerkunst zuerst in hoher Blüte stand: Mainz, Straßburg, Venedig, Frankfurt am Main. Darunter erscheinen die Wappen Gutenbergs, Fusts und Schöffers sowie das Datum der Errichtung. Auf niedrigeren Postamenten sitzen an den Hauptecken die Verkörperungen der Theologie, der Poesie, der Naturfor-

Die am 3. April 1900 geschriebene Karte bietet einen Blick vom Gutenberg-Denkmal im Vordergrund über den Goetheplatz mit dem Goethe-Denkmal zum ehemaligen Stadttheater, das 1902 abgerissen wurde.

Vielleicht „das Land der Griechen mit der Seele suchend" („Iphigenie"), Goethe-Denkmal, harrt der große Dichter einsam auf seinem Denkmalsockel aus. (um 1880)

Goethe steht auf dieser Karte von 1906 sinnend auf seinem Postament auf dem Goetheplatz, den Lorbeerkranz in der Hand, umgeben von gründerzeitlichen Bauten und neugierigen Zuschauern, die auf die interessanten Handhabungen des Fotografen blicken.

schung und der Industrie. Die Vorderseiten dieser Postamente zieren die wasserspeienden Köpfe eines Stiers, eines Elefanten, einer Löwin sowie eines Lamas, die die Erdteile Europa, Asien, Afrika und Amerika vertreten.

Goetheplatz

Dieser Platz ist die nördliche Fortsetzung des Rossmarktes und wurde dem größten Sohn der Stadt Frankfurt gewidmet, die ihm hier auch ein Denkmal setzte.

Goethe-Denkmal

Das Denkmal, das seit 1979 in der Taunusanlage an der Ecke Kaiserstraße zu finden ist, allerdings ohne seine ehemaligen Sockelstufen, stand seit 1844 auf dem Goetheplatz. Geschaffen wurde es 1840 von Ludwig von Schwanthaler. Das Denkmal zeigt in Überlebensgröße Goethe als großen Dichterfürsten. Auf den Sockelreliefs zu seinen Füßen sind allegorische Gestalten und Verkörperungen aus seinen Dichtungen zu sehen.

Hotel Zum Schwan am Steinweg

Der Steinweg, heute Fußgängerzone, wurde 1341 erstmals genannt und kam zu seinem Namen, weil er die erste Straße der Stadt war, die eine Pflasterung erhielt. An der nördlichen Straßenseite stand bis 1944 das Hotel Zum Schwan oder auch Zum Weißen Schwan, ein erstmals 1371 erwähntes Haus, das ab 1592 als Gasthaus genutzt wurde. Der Hotelier Jacob Fay ließ 1791 den Schwan und die beiden Nachbarhäuser abreißen und einen vornehmen klassizistischen Bau aufführen. Das neue Hotel verfügte über 150 Betten und sah schon bald bekannte Gäste in seinen Mauern. Selbst in die Literatur ging es ein: 1826 in die „Mitteilungen aus den Memoiren des Satan" von Wilhelm Hauff oder 1827 in das Werk „Der Narr im Weißen Schwan" von Ludwig Börne. Nach seiner Modernisierung 1831 besaß das Hotel als eines der ersten Häuser schon eine Gasbeleuchtung. Und der Schwan ging sogar in die Geschichte ein, denn Reichskanzler Otto von Bismarck und der französische Außenminister Jules Favre unterzeichneten am 10. Mai 1871 im „Friedenszimmer" den Friedensvertrag, der den Deutsch-Französischen Krieg von 1870–71 beendete. Der Raum wurde danach nicht mehr vermietet. Der Schwan konnte sich im ausgehenden 19. Jahrhundert gegen die übermächtige Konkurrenz von Häusern wie dem Frankfurter Hof nicht

Ansicht des Steinwegs mit dem Hotel Zum Schwan und dem Turm der Katharinenkirche um 1900 – In diesem Haus wurde, wie bereits bemerkt, 1871 der Friede von Frankfurt geschlossen.

Das alte Stadttheater bzw. Schauspielhaus am ehemaligen Theaterplatz (um 1905) zeigt sich noch im Glanz seiner klassizistischen Formen und ausgewogenen Proportionen. Die Schauseite des zweigeschossigen Bauwerks wird durch die Fensterzonen gegliedert, und seine Mitte wird betont durch die Pilaster des leicht vorspringenden, übergiebelten Mittelrisalits.

behaupten, ein erneuter Umbau brachte nicht den erhofften Erfolg, schließlich wurde das Hotel 1919 geschlossen und zu einem Kino und einem Geschäftshaus umgestaltet. 1944 zerstörten die Bomben das Haus. In moderner Form wurde 1949 ein Neubau errichtet, in dem verschiedene Kinos beheimatet waren, in das dann aber 1987 ein großes Bücherkaufhaus einzog.

Stadttheater

Für Frankfurt liegt erstmals aus dem Jahr 1592 eine Nachricht über den Auftritt einer englischen Komödiantentruppe vor. Ähnliche Gruppen traten in der Folgezeit vor allem während der Messen oder aus Anlass der Krönungsfeierlichkeiten auf. 1736 kam auch die berühmte Caroline Neuber, bekannt als die Neuberin, mit ihrer Truppe in die Stadt. In der Regel wurden in jener Zeit Stegreifkomödien und allerlei Possen mit und ohne Gesang aufgeführt. Gegen die Einwände der lutherischen Kirche, die um das Seelenheil ihrer Schäflein fürchtete, das durch die sündhaften Komödien gefährdet sein sollte, setzte der Rat den Bau eines ersten Theaters durch. Und so konnte sich am 3. September 1782 der erste Vorhang im neuen „Comoedienhaus" am einstigen Theaterplatz heben. Johann Andreas Liebhardt hatte die Pläne zu diesem klassizistischen Bau geliefert. 1784 wurde hier Schillers Drama „Kabale und Liebe" uraufgeführt. 1902 fiel der letzte Vorhang des alten Frankfurter Stadttheaters. Es wurde 1911 abgerissen, um einem großen Geschäftshaus Platz zu machen. – Und 1922 erfolgte die Umbennennung des Platzes in Rathenauplatz.

Den Merkurbrunnen auf dem früheren Theaterplatz und heutigen Rathenauplatz stiftete 1916 der Bankier L. A. Hahn. Der Brunnen musste 1933 dem Schiller-Denkmal weichen. Der römische Gott Merkur, der dem griechischen Hermes entspricht, erscheint in der antiken Mythologie als Götterbote, aber auch als Gott der Händler bzw. Kaufleute und der Diebe. Zu seinen Attributen zählt neben dem Hermesstab vor allem ein geflügelter Helm, manchmal ist er auch an seinen Flügelschuhen oder einem Geldbeutel zu erkennen. Sogar ein Wochentag wurde nach ihm benannt, der ‚dies Mercurii', der Mittwoch also, der im Französischen ‚mercredi' heißt. (Poststempel 22.4.1922)

Der Platz um die Hauptwache (Aufnahme um 1915) hat sich zu einem belebten Verkehrsknotenpunkt entwickelt. Rechts geht es in die Zeil, die von der Kuppel der Hauptpost überragt wird.

Hauptwache

Die 1729/30 von Johann Jakob Samhammer errichtete Hauptwache war einst, der Name verrät es, Sitz der städtischen Sicherheitsorgane und diente auch als Gefängnis. 1866 gelangte das Gebäude in preußischen Besitz. Im Rahmen eines Geländeaustauschs verließen die letzten Soldaten der 11. Kompanie des 81. Regiments mit klingendem Spiel am 28. Dezember 1903 ihr bisheriges Domizil und zogen zur neuen Hauptwache am Gallustor. Die nunmehr städtische Hauptwache wurde 1904 zu einem Café umgestaltet. Das eingeschossige Anwesen mit seinem hohen Mansarddach musste 1968 wegen des U-Bahn-Baus abgetragen werden, wurde aber fast an gleicher Stelle wieder

Der Blickwinkel hat sich (um 1915) erheblich erweitert, denn neben der Hauptwache ist jetzt auch die Katharinenkirche zu sehen.

aufgebaut. Der Flachgiebel zeigt auf einem Relief inmitten von Waffen und Fahnen das Stadtwappen.

Schiller-Denkmal

Ursprünglich stand das 1859 von Johann Dielmann geschaffene Denkmal ab 1863 an der Hauptwache auf dem Schillerplatz. Seit 1956 jedoch ist das lebensgroße Bronzestandbild des großen Dichters auf schlichtem Sockel in der Taunusanlage zu finden, überragt vom Wolkenkratzer einer Bank – ein Symbol der Verbindung von Kunst und Kommerz?

Katharinenkirche

Die evangelische Kirche neben der Hauptwache war ursprünglich Teil eines Nonnenklosters, das 1526 aufgehoben wurde. Schon 1522 war in der Klosterkirche die erste protestantische Predigt in Frankfurt gehalten worden, von Hartmann Ibach, einem Schüler Luthers. Der Neubau der Kirche nach Plänen von Melchior Heßler erfolgte 1678–81. Sie wurde 1944 bis auf die Außenmauern zerstört und nur außen in ihrer ursprünglichen Gestalt wiederaufgebaut. Auf der Nordseite dominiert der vorgestellte rechteckige Turm den großen Saalbau unter seinem hohen Dach.

Schiller-Denkmal um 1880 – Der Dichter steht, der Welt auf seinem hohen Sockel entrückt, mit einem Stift in der Hand nachdenklich da und sinnt wohl über neue Verse zu großen Themen der Menschheit nach.

Ansicht des Schillerplatzes mit Schiller-Denkmal und Hauptwache (Poststempel 16.9.1929)

Katharinenkirche um 1935 – Der Bau der zweiten Hälfte des 17. Jahrhunderts greift noch einmal gotische Bauformen auf, allerdings in schlichter Ausführung, wenn man die einfachen Strebepfeiler und Fenster und den kaum gegliederten Turm betrachtet. In ihrem Erscheinungsbild spiegelt die Kirche durchaus protestantische Einstellungen wider.

Inneres der Katharinenkirche mit Blick nach Osten um 1935 – Der mit einem flachen Gewölbe gedeckte Saal ist nicht auf den Choraltar und die Orgel ausgerichtet, vielmehr deuten die zweistöckigen Emporen darauf hin, dass nach protestantischer Vorstellung die Kanzel, die rechts an der Südwand zu sehen ist, als Ort der Predigt, der Verkündigung und Lehre im Mittelpunkt zu stehen hat. Die Ausstattung der Kirche ging im Krieg bis auf die Bildertafeln der Emporen verloren.

Der Liebfrauenberg bzw. der Platz vor der Liebfrauenkirche besaß als zusätzlichen Blickfang den Liebfrauenbrunnen. Interessante Neuigkeiten oder Ankündigungen waren auf den Litfasssäulen zu lesen. (Poststempel 7.3.1904)

Die Liebfrauenkirche von Süden um 1935 – Diese südliche Schauseite wurde 1470 von Jörg Oestreicher gestaltet. Charakteristisch sind der flachgedeckte Turm, das westliche Querhaus und der erhöhte Chor. Rechts steht der Liebfrauenbrunnen.

Die Börse um 1880 – Die Aufnahme zeigt ein wahrlich repräsentatives Werk des Historismus mit einer mehr als 100 Meter langen Front, deren Mittelabschnitt durch Doppelsäulen gegliedert ist, durch Eckrisalite begrenzt wird und eine 43 Meter hohe Kuppel besitzt.

Inneres der Liebfrauenkirche nach Osten um 1935 – Der Blick geht zum 1506 errichteten spätgotischen Chor mit seinem feinen Gewölbe. Die drei Rokokoaltäre schuf Johann Peter Jäger aus Mainz, die Skulpturen stammen von Heinrich Jung aus Hochheim.

Liebfrauenbrunnen

Der Platz vor der Liebfrauenkirche diente einst als Pferdemarkt und hieß daher „Rossbühl", nach dem Bau der Marienkirche auch „Unser Frauen Plan" oder „Liebfrauenberg". Auf dem Platz wurde 1610 der Springbrunnen vollendet, der 1770 neu aufgebaut werden musste. Der Brunnen ist in Form eines aufsteigenden Obelisken gestaltet, den u. a. Wassergötter zieren. Geschaffen wurde er von Johann Andreas Liebhardt und Johann Michael Datzerath.

Liebfrauenkirche

Die ehemalige katholische Liebfrauen-Stiftskirche und heutige Pfarrkirche sowie Kapuziner-Klosterkirche (seit 1917), die einst an der Stadtmauer lag, ist eine dreischiffige Hallenkirche, deren Südseite stadtwärts als Schaufront gestaltet wurde. Sie besitzt ein westliches Querschiff, und der Chor überragt das Dach des Mittelschiffs. Der Turm auf der Nordseite diente einst als Stadtmauerturm. – 1321 wurde an der Stelle der heutigen Kirche eine Marienkapelle vollendet, die einen 1344 geweihten Erweiterungsbau nach Westen erhielt. Größere Umbauten folgten im 15. Jahrhundert. Der Chor und die neue Sakristei schlossen sich 1506–09 an. Ein Brand zerstörte 1719 große Teile der Kirche, die nach ihrer Wiederherstellung zwischen

Der Ausschnitt aus dem Merian-Stich von 1628 zeigt die Lage des Eschenheimer Turms und seine Rolle als starkes Bollwerk, das die Brücke über den wohl zehn Meter breiten Stadtgraben und damit den Zugang zur Stadt sichert.

Ansicht des Eschenheimer Turms um 1880 mit Blick in die Eschenheimer Straße. Die Stadtmauer ist längst gefallen, aber der Turm überragt glücklicherweise als städtebaulich imposantes Werk seine Umgebung.

1763 und 1771 barockisiert wurde. Friedrich Rumpf lieferte die Pläne für die 1824 errichtete Eingangshalle. Im Krieg wurde die Kirche bis auf die Umfassungsmauern des Chors zerstört, anschließend in vereinfachter Form wiederaufgebaut.

Börse

Rudolf Heinrich Burnitz und Oskar Sommer lieferten die Pläne für den 1874–79 erbauten, kuppelüberwölbten Neurenaissancepalast der neuen Börse am Börsenplatz 2–6. Die Platzfassade orientierte sich an den Vorbildern der Basilika Palladios in Vicenza sowie am Pariser Louvre. Das Skulpturenprogramm verweist allegorisch auf den Zweck des Gebäudes, das im Volksmund der „Kapitalistendom“ hieß, und zwar befanden sich auf dem Mittelbau Verkörperungen von Post, Handel, Schifffahrt, Eisenbahn, Industrie und Telegrafie, auf den seitlichen Trakten die Allegorien Trauer und Krieg sowie Frieden und Wohlstand.

Eschenheimer Turm

Von der einstigen staufischen Stadtmauer ist nach dem letzten Krieg nur ein kleines Mauerstück zwischen Börnestraße und Fahrgasse ausgegraben worden. Von der gotischen Befestigung des 14. Jahrhunderts haben von einst 60 Türmen nur vier die Stürme der Zeiten überlebt. Besonders eindrucksvoll wirkt der Eschenheimer Turm, ein mächtiger Rundturm über einem quadratischen Sockelgeschoss mit spitzbogiger Durchfahrt und Treppentürmchen. Der Turm wird gekrönt von einem vorkragenden Wehrgang mit Erkertürmchen und spitzem, steinernem Helm und war 1428 vollendet. Stadtauswärts ziert ein Steinrelief mit dem Reichsadler, stadteinwärts ein Relief mit dem Frankfurter Adler das stolze Bauwerk, das im 19. Jahrhundert glücklicherweise der Spitzhacke entging, als die alten Befestigungen abgetragen wurden.

Der Stich von A. Radl von ca. 1840 zeigt die nördliche Seite der Zeil mit ihren stattlichen Bauten, die man zum Teil schon als Paläste bezeichnen muss.

Die Hauptpost auf der Zeil präsentiert sich um 1905 als höchst repräsentatives Gebäude, obwohl es doch „nur" als Post diente. Aber die öffentlichen Gebäude jener Zeit waren bewusst Repräsentationsbauten, die die Macht des Staates dokumentieren sollten.

links:
Nur wenige Jahrzehnte liegen zwischen dieser Aufnahme von Carl Friedrich Mylius von ca. 1875 und der vorgehenden Abbildung, dennoch sind die Veränderungen nicht zu übersehen. In der Mitte erscheint der Russische Hof, den der kurpfälzische Hofbaumeister Nicolas de Pigage ab 1787 für den Kaufmann Franz Maria Schweitzer erbaute. Rechts davon steht der Hessische oder Darmstädter Hof, der nach Abriss eines Vorgängerbaus 1754–57 unter dem Landgrafen Ludwig VIII. von Hessen-Darmstadt entstand. Das Haus auf der linken Seite entstand 1790 als Erweiterung des Gasthofs „Rotes Haus". Alle Häuser auf dieser Abbildung wurden ab 1891 abgerissen, um der Kaiserlichen Hauptpost und neuen Geschäftshäusern Platz zu machen.

Die Aufnahme von Carl Friedrich Mylius von 1873 lenkt über die Hauptwache im Vordergrund rechts den Blick des Betrachters und des Dichters Friedrich Schiller (links auf dem Schillerplatz) nach Osten in die Zeil, die noch ihr altes Erscheinungsbild zeigt.

Ein letztes Mal vor der großen Umgestaltung geht der Blick nach Osten in die Zeil (um 1880). Als Blickfang ist ein Uhrenturm errichtet worden. Im Hintergrund sind noch der Russische Hof und der Hessische oder Darmstädter Hof zu sehen.

Die Abbildung zeigt weiterhin die Blickrichtung von der Hauptwache nach Osten in die Zeil, aber inzwischen bietet sich um 1905 bereits ein Bild großstädtischer Betriebsamkeit. Vielfach neue, prunkvollere Bauten säumen die Straße. Und im Hintergrund erscheint bereits die Kaiserliche Hauptpost mit ihrer mächtigen Kuppel.

Zeil

Diese berühmte und später gar die vornehmste Straße der Stadt lag nach der zweiten Stadterweiterung in der damaligen Neustadt. Der einstige, verhältnismäßig breite Weg zwischen Friedberger Gasse und Katharinenpforte diente als Großviehmarkt. Erst im 14. Jahrhundert wurde eine erste Häuserzeile gebaut, die dann der späteren Straße gleichsam zu ihrem Namen verholfen hat. Im 18./19. Jahrhundert entstanden Gasthäuser, Geschäfte und Kaufhäuser. Sie bestimmen bis heute das Erscheinungsbild der gut einen Kilometer langen und 40 Meter breiten Straße.

Hauptpost auf der Zeil

Auf der Spitze über der Kuppel schwebte Merkur, der Gott des Handels, als goldener, strahlender Jüngling. Er fiel wie der mächtige wilhelminische Bau der Kaiserlichen Hauptpost 1944 den Bomben zum Opfer. Nur knapp fünfzig Jahre zuvor hatte Heinrich von Stephan 1895 diesen Postpalast eingeweiht. Die Hotels „Rotes Haus" und Russischer Hof" wurden 1891 dem prunkenden Bau geopfert.

Vor dem Gesellschaftshaus von 1876 steht der vom Frankfurter Bildhauer Rudolf Eckhardt geschaffene Schützenbrunnen mit seiner stolzen Germania, die einen Siegespokal in der Hand trägt. Der Brunnen wurde am 24. August 1894 vor dem Haupteingang des Zoologischen Gartens enthüllt, zur Erinnerung an das 1. Deutsche Bundesschießen von 1862 und das 9. Deutsche Bundes- und Jubiläumsschießen von 1887, die in Frankfurt ausgetragen wurden. Gleichzeitig setzte sich der am 6. Oktober 1860 gegründete Frankfurter Schützenverein selbst ein Denkmal. (um 1905)

Konstablerwache

Der Name hält die Erinnerung an die frühere Stadtwache fest, die an dieser Stelle, also an der Ecke Zeil und Fahrgasse stand. Im 15. Jahrhundert gab es hier eine Elenden-Herberge und ein Spital, das im 16. Jahrhundert zu einem Zeughaus umgebaut wurde. An dieses Zeughaus wiederum wurde im 17. Jahrhundert die Wache der städtischen Artillerie angebaut, die auch über Gefängnisräume verfügte. 1822 riss man das in die Straße vorspringende Gebäude ab und brachte Polizei, Militär, Wachstube und Gefängnis im Zeughaus unter, das seinerseits 1886 abgerissen wurde, um einem großen Warenhaus Platz zu machen.

Zoo

Der Zoo am Alfred-Brehm-Platz 16, bereits 1857 gegründet, fand sein erstes Domizil an der Bockenheimer Landstraße, wurde aber 1872 an seinen heutigen Standort verlegt. Die Gartenanlagen plante A. Weber, während das Gesellschaftshaus 1874–76 von Adam Friedrich Kayser d. J., Josef Durm und Friedrich Otto Lindheimer errichtet und am 16. Dezember 1876 eingeweiht wurde. Das verputzte Backsteinmauerwerk mit seinen Sandsteinteilen zeigt Formen der italienischen Renaissance. Der Zoo präsentierte dem staunenden Publikum nicht nur mehr oder weniger exotische Tiere, sondern veranstaltete auch sogenannte Völkerschauen, bei denen beispielsweise ganze Familien von Farbigen mit Männern, Frauen und Kindern vorgeführt, als exotisches Spektakel buchstäblich zur Schau gestellt wurden. 1915 ging der Zoo in städtische Obhut über. Er hieß während des Dritten Reichs „Tiergarten", weil Zoo kein deutsches, sondern ein griechisches Wort war. Im Krieg wurde die Anlage fast völlig zerstört, später aber wieder zu einem modernen Zoo ausgebaut.

Zeil und Konstablerwache um 1920 – Die Straße erscheint als belebte, verkehrsreiche Geschäftsstraße.

Ansicht des parkähnlichen Zoologischen Gartens mit Teich und Wasserlauf, mit Brücke und Gesellschaftshaus. (Poststempel 10.10.1904)

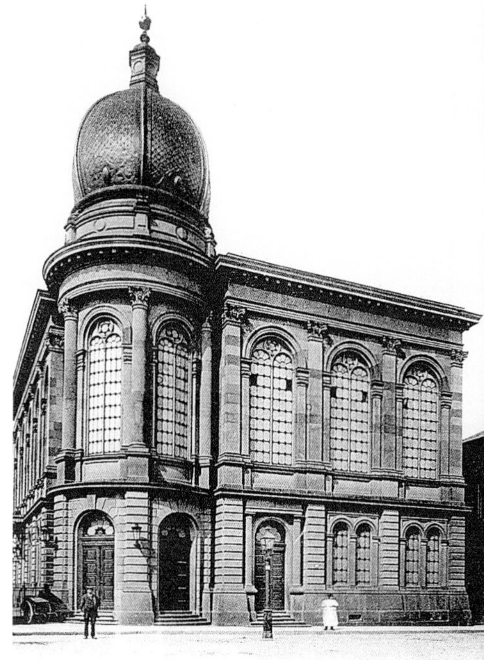

Die Synagoge am Börneplatz 1882, erbaut aus rotem Sandstein – Der rechte Flügel wurde 1901 um zwei weitere Achsen erweitert.

Synagoge am Börneplatz

Die älteste Synagoge der jüdischen Gemeinde stand in der Judengasse, der späteren Börnestraße. Sie wurde 1462 errichtet und blieb jahrhundertelang als Hauptsynagoge das Zentrum der Gemeinde und der jüdischen Reformbewegung. 1711 brannte sie nieder, wurde wiederaufgebaut, dann aber 1854 abgerissen und in den folgenden Jahren durch einen großen Neubau ersetzt, der am 23. März 1860 eingeweiht wurde. Im 19. Jahrhundert kam es zu Auseinandersetzungen zwischen den Reformjuden und den orthodoxen Juden, die 1851 zur Spaltung in die Orthodoxe Vereinigung und die Israelitische Gemeinde führten. Um die Spaltung nicht noch zu vertiefen, entschloss man sich, zusätzlich zur eher liberalen Hauptsynagoge ein weiteres Gotteshaus für die orthodoxe Gruppierung zu bauen. Die neue Synagoge wurde nach Plänen von Siegfried Kusnitzky 1881–82 in Anlehnung an die Formensprache der italienischen Renaissance am Börneplatz (ab 1933 Dominikanerplatz) errichtet und am 10. September 1882 eingeweiht. In der Halle fanden 520 Männer und auf der Empore 360 Frauen Platz. 1901 wurde eine Erweiterung um weitere 400 Plätze erforderlich. Eine dritte Synagoge entstand 1907 an der Friedberger Anlage, und 1910 bauten die Juden außerdem noch die Westendsynagoge. Sie wurden alle in der Nacht vom 9. auf den 10. November 1938 von SA-Angehörigen in Brand gesteckt und anschließend auf Kosten der israelitischen Gemeinde bis auf die Westendsynagoge vollends abgetragen.

Fischerfeld

Das östlich der Innenstadt gelegene Fischerfeld lag ursprünglich als unbebautes Land vor der Stadtmauer. Hier gingen, wie es der Name schon verrät, die Fischer ihrer Tätigkeit nach. Erst nach 1792 wurden die ersten Häuser gebaut. In diesem Zusammenhang wurde auch der 1350 errichtete Fronhofturm oder Kompostellturm an der südöstlichen Ecke der Stadtbefestigung 1793 abgerissen. Er ist beispielsweise auf dem Merian-Stich von 1628 sehr schön zu sehen.

Blick in die Fischerfeldstraße nach Westen Richtung Dom um 1915 – Die ansehnliche Bebauung entstand überwiegend zwischen 1800 und 1820 im klassizistischen Stil.

F) SACHSENHAUSEN

Über die Alte Brücke gelangte man von Frankfurt nach Sachsenhausen oder auch von Sachsenhausen nach Frankfurt. Der Ausschnitt aus dem Merian-Plan von 1628 zeigt die alte Brücke, die erstmals 1222 erwähnt wurde und bis zur Mitte des 19. Jahrhunderts die einzige Frankfurter Brücke blieb. Im Lauf der Jahrhunderte wurde sie etwa zwanzigmal zerstört und wiederaufgebaut. Die imposanten Brückentürme, zum Schutz der Brücke errichtet, sind erstmals 1306 im Zusammenhang mit ihrer Zerstörung durch Eisgang und Hochwasser bezeugt. Auf der Brücke selbst sind das Sühnekreuz mit dem „Brickegickel" und die Brückenmühlen zu sehen. In Sachsenhausen stehen rechts die Deutschordenskommende mit Kirche und links die Spitalkapelle und heutige Dreikönigskirche.

Ausschnitt aus der Stadtansicht Merians von 1612/19 – Zu sehen sind die Alte Brücke mit dem Brückenturm, dahinter der Kuhhirtenturm, ferner die Deutschordenskirche, die Dreikönigskirche und der Ulrichstein.

Dieser Stadtteil Frankfurts auf dem südlichen Mainufer wurde 1193 erstmals genannt. Damals schenkte Kaiser Heinrich VI. dem dortigen Hospital, das Kuno von Münzenberg 1190 eingerichtet hatte, den Sandhof am Frauenweg. Hospital und Kirche fielen 1221 an Kaiser Friedrich II., der sie noch im gleichen Jahr dem Deutschen Orden übertrug. 1803 wurde die reiche Ordenskomturei im Zuge der Säkularisation aufgehoben. Erst 1960 kehrte der Orden zurück. Die ehemalige Ordenskirche St. Maria, heute Pfarrkirche, stammt aus dem 14. Jahrhundert. Sie erhielt Mitte des 18. Jahrhunderts eine neue Fassade. Das einstige Deutschordenshaus dient seit 1964 wieder als Hochmeisterresidenz und Deutschordenspriesterhaus. Es wurde 1709–25 unter Verwendung älterer Mauern der Vorgängerbauten errichtet. Nach den Kriegszerstörungen hat man es verändert wiederaufgebaut. Das kleine Sachsenhausen besaß seit dem 14. Jahrhundert noch eine weitere Kirche, die Spitalkapelle, die 1875–80 durch einen neugotischen Bau mit 80 Meter hohem Turm ersetzt wurde. Die Pläne zu dieser evangelischen Dreikönigskirche lieferte Franz Joseph Ritter von Denzinger.

Sachsenhausen war nie ein eigenständiger Ort und daher als Teil der Gesamtstadt in die Befestigungsanlagen einbezogen. Die Namen der Großen und Kleinen Rittergasse erinnern daran, dass seit dem 12. Jahrhundert Ministe-

Der Ausschnitt aus dem Merian-Stich von 1628 bringt eine Ansicht des Sachsenhäuser Brückenturms und der Deutschordenskommende mit ihrer Kirche. Während die Kirche gotische Formen zeigt, ist das Ordenshaus im Stil der Renaissance gestaltet.

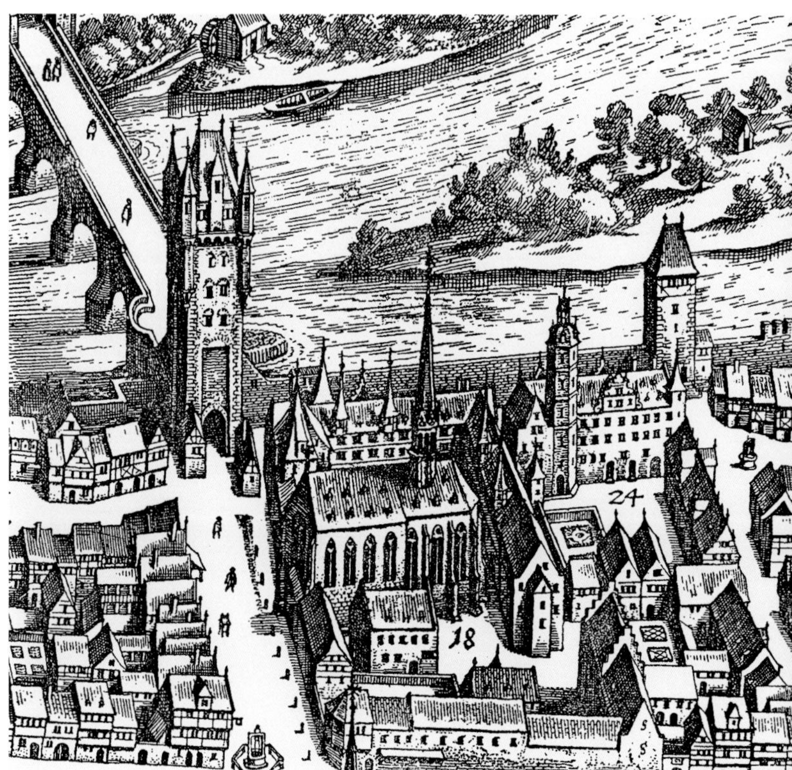

Der Stich des Samuel Prout vermittelt einen sehr anschaulichen Eindruck vom Erscheinungsbild Sachsenhauses um 1835 und damit auch vom Leben der Menschen in diesen Häusern und Gassen. Laternen künden bereits von technischem Fortschritt.

rialen der Frankfurter Pfalz hier ansässig wurden, denen die Verwaltung der Pfalz und der nahen Reichsgüter oblag. Zu den Ritterfamilien gesellten sich seit dem Ende des 13. Jahrhunderts vor allem Fischer, Landarbeiter und Handwerker, zu denen später Schiffer, Winzer, Gärtner, Säger, Besenbinder, Korbmacher oder Tagelöhner hinzukamen. Sie waren mindestens bis zum 19. Jahrhundert für ihr ausgesprochen grobes Verhalten bekannt oder vielleicht richtiger verrufen. Sie sparten weder untereinander noch erst recht Fremden gegenüber mit deftigen Schimpfwörtern. Im Jahre 1781 gab es in Sachsenhausen erstaunliche 336 Winzer und Gärtner, 125 Fischer, 30 Brau-

Die Karte wurde am 28. Juli 1905 geschrieben und zeigt die alte Mainbrücke mit der Statue Karls des Großen links und der Brückenmühle im Hintergrund sowie mit der Deutschordenskirche. Die heutige Alte Brücke, die eigentlich eine neue Brücke ist, wurde am 15. August 1926 der Öffentlichkeit übergeben. Sie besitzt eine Länge von 237,4 Metern und ist 19,5 Meter breit.

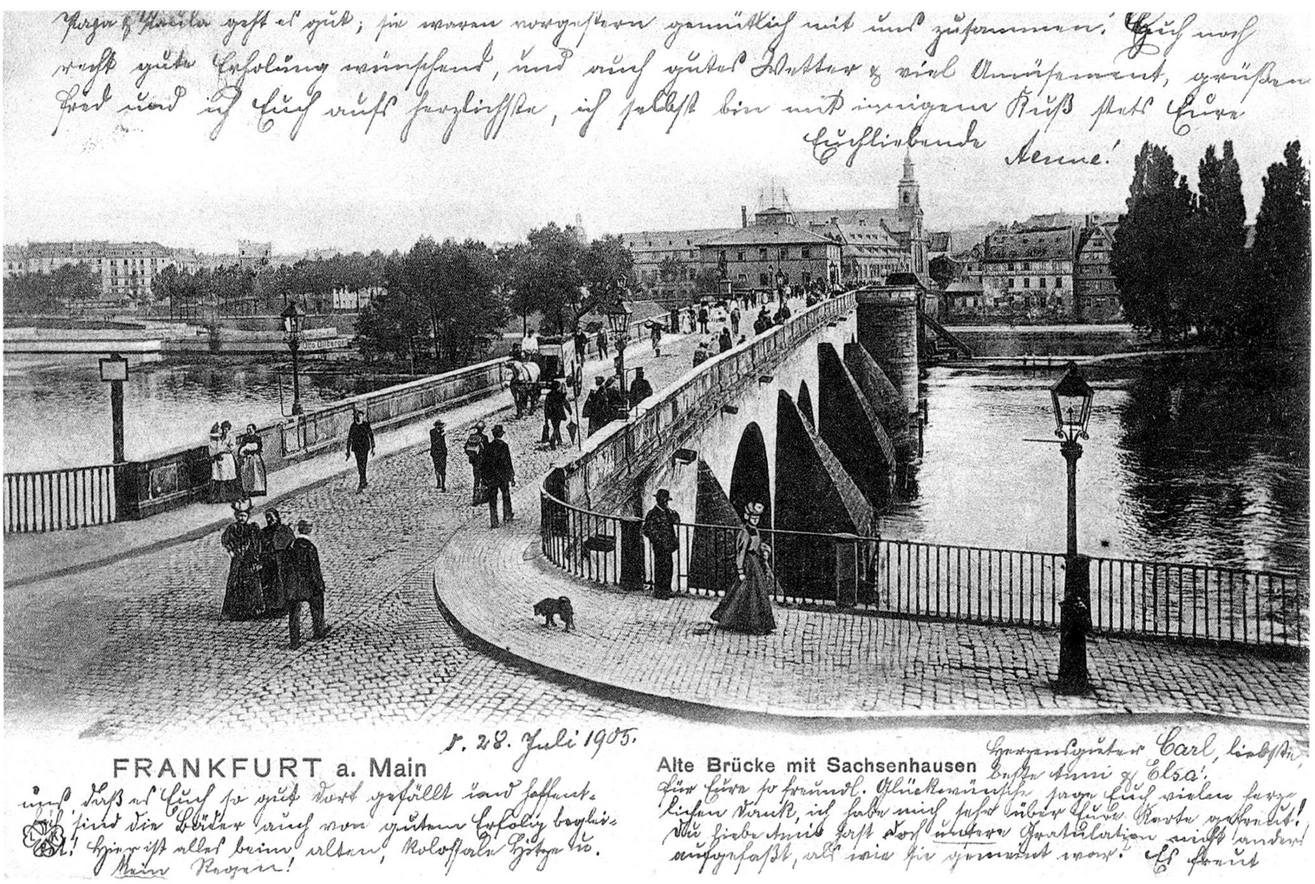

er, 22 Bäcker und 20 Gerber. Weinanbau, Fischfang und das Braugewerbe erlebten also Blütezeiten.
Seit dem 18. Jahrhundert zogen allerdings zunehmend auch wohlhabende Bürger nach Sachsenhausen, so dass die Bevölkerungszahlen rasch anstiegen. Die Siedlungsbereiche gingen weit über den einst ummauerten Teil hinaus. Sommerhäuser und prächtige Villen entstanden vornehmlich am Main, Gewerbe- und Industriebetriebe siedelten sich in den Randgebieten an. Die Altstadt selbst entwickelte sich zum überaus beliebten Apfelweinparadies, zu einer Touristenattraktion. In den gemütlichen Gaststätten kann man bis heute vor allem die originale Frankfurter Küche genießen.

Statue Karls des Großen auf der Alten Brücke um 1914 – Anlässlich des 1 000. Gedenktags der Reichsteilung von Verdun 843 stiftete das Städelsche Kunstinstitut 1843 eine Sandsteinfigur Karls des Großen, eine Schöpfung des Bildhauers Johann Nepomuk Zwerger. Sie kam 1914 ins Historische Museum.

Sachsenhausen, Ansicht der Häuser Große Rittergasse 64 und 66 an der Ecke Frankensteiner Straße nach einer Aufnahme von Carl Abt von 1906 – Im Unterschied zu den meist mehrstöckigen Fachwerkhäusern Frankfurts nehmen sich die Sachsenhäuser Bauten eher bescheiden aus.

Ansicht der letzten Brückenmühle um 1905 – 1411 wurde an der Brücke eine erste Mühle errichtet. An ihre Stelle traten im 17. Jahrhundert zwei kleinere Mühlen. Eine wurde 1852 abgebrochen, die andere bestand bis 1914 und wurde im Zusammenhang mit dem Neubau der Brücke beseitigt.

Sachsenhausen, Affentorplatz um 1910 – Die beiden klassizistischen Wachgebäude von 1810/11 erinnern an das einstige städtische Militär, das ab 1866 preußisch wurde.

Sachsenhausen, Elisabethenstraße von der Ecke Paradiesgasse aus mit Blickrichtung zur Dreikönigsstraße und zur Dreikönigskirche um 1910 – Die Bezeichnung dieser Elisabethenstraße als „Sachsenhäuser Zeil" spricht für das Selbstbewusstsein oder die Selbstironie der Einwohner.

Sachsenhausen, Löhergasse nach einer Aufnahme von Carl Abt von 1905 – In der Löhergasse, nahe am Main gelegen, waren die Lohgerber (Löher) ansässig, die für ihre Tätigkeit die Nähe des Wassers brauchten.

Sachsenhausen, Löhergasse nach einer Aufnahme von Carl Abt von 1905 – Hier standen offensichtlich recht stattliche Fachwerkhäuser, die allerdings, wie damals üblich, meist verputzt oder verkleidet waren.

Ganz im Westen von Sachsenhausen lag das Hippodrom, das seit 1897 als Reithalle gebaut wurde, aber auch für Turnfeste, Konzerte, Bälle usw. genutzt wurde. Während des Ersten Weltkriegs diente es sogar als Lazarett und Verpflegungsstation. Es verfügte über 2 000 Plätze, wurde im Zweiten Weltkrieg zerstört und 1956 vollends beseitigt. (um 1925)

Städel

Oskar Sommer entwarf die Pläne für den 1874–78 erbauten großen Kunstpalast, der sich als repräsentatives Gebäude in den Formen der Hochrenaissance mit Rustikagliederung im Erdgeschoss, mit Doppelsäulen im darüber liegenden Geschoss und mit einer zentralen Kuppel präsentiert. Ein südlicher Erweiterungsbau entstand 1915–20. Das Städelsche Kunstinstitut wurde 1816 gegründet und verdankt seine Entstehung dem Frankfurter Bankier Johann Friedrich Städel, der seine aus 474 Gemälden bestehende Kunstsammlung und zusätzlich einen Betrag von einer Million Gulden für den Bau eines Kunstinstituts stiftete. Nach schweren Kriegsschäden wurden die Eckrisalite in veränderter Form erneuert. 1990 erhielt das Museum einen Erweiterungsbau an der Holbeinstraße. Das Städelsche Kunstinstitut zählt weltweit zu den größten und bedeutendsten Kunstmuseen.

Ansicht des Städelschen Kunstinstituts am Schaumainkai um 1880 – Um den Rang dieses Museums würdigen zu können, braucht man nur die Namen der bedeutendsten Künstler anzuführen, von denen erlesene Werke ausgestellt sind: Bacon, Baselitz, Beckmann, Böcklin, Botticelli, Canaletto, Cranach, Cézanne, Degas, Dürer, van Eyck, Feininger, van Gogh, Goya, Hals, Hodler, Holbein, Kirchner, Klee, Liebermann, Lochner, Manet, Marc, Matisse, Memling, Monet, Munch, Murillo, Picasso, Poussin, Raffael, Rembrandt, Renoir, Rubens, Spitzweg, Tiepolo, Tintoretto, Tischbein, Velazquez, Vermeer, Watteau, van der Weyden usw.

V. REGISTER

KÜNSTLERREGISTER

ALLGEMEINES PERSONENREGISTER

ORTSREGISTER

SACHREGISTER

BERICHTE ÜBER FRANKFURT

Bildnachweis:
Sammlung Wietzorek und Michael Imhof Verlag

WEITERE TITEL AUS UNSEREM VERLAGSPROGRAMM

Museum Giersch (Hg.)
DIE KAISERGALERIE IM FRANKFURTER RÖMER

21 x 28 cm, 160 S.
95 Farbabb., Hardcover
Text: deutsch/englisch
ISBN 978-3-86568-297-0
19,95 € (früher 24,– €)

Franz Rittweger
DAS ALTE FRANKFURT

24 x 32 cm, 256 S.
320 Abb., Hardcover
ISBN 978-3-86568-118-8
39,95 €

Michael Imhof
FRANKFURT AM MAIN
Stadtführer

16,5 x 23,5 cm, 48 S.
128 Farbabb., Broschur
ISBN 978-3-86568-102-7

englische Ausgabe:
ISBN 978-3-86568-103-4

italienische Ausgabe:
ISBN 978-3-86568-104-1

spanische Ausgabe:
ISBN 978-3-86568-139-3

je 4,95 €

Michael Imhof
FRANKFURT • FRANCOFORTE • FRANKFORT
Architektur und Kunst • Art and Architecture • arte y arquitectura • arte e architettura

22 x 25 cm, 120 S.
ca. 250 Farbabb., Hardcover
Text: deutsch/englisch/spanisch/italienisch
ISBN 978-3-86568-466-0
ca. 14,95 €

Heinz Schomann
DAS FRANKFURTER HOLZHAUSENVIERTEL
vom Weiherhaus zum Wohnquartier

24 x 30 cm, 292 S.
867 Farbabb., Hardcover
ISBN 978-3-86568-581-0
39,95 €

G. Ulrich Großmann
FRANKFURT AM MAIN UND SÜDHESSEN
Kunstreiseführer

16,5 x 24 cm, 240 S.
623 Farbabb./Pläne, Broschur
ISBN 978-3-86568-588-9
12,80 €

Christian Ottersbach
FRANKFURT & RHEIN-MAIN
Burgen und Schlösser

16,5 x 24 cm, 202 S.
494 Farbabb., Broschur
ISBN 978-3-86568-452-3
19,95 €

Stand: Januar 2011